차이 나는 인생을 만드는 무한 성장 에너지
씽킹파워

초판 1쇄 인쇄 2024년 6월 17일
초판 1쇄 발행 2024년 6월 30일

지은이 장신애

발행인 백유미 조영석
발행처 (주)라온아시아
주소 서울특별시 서초구 방배로 180 스파크플러스 3F

등록 2016년 7월 5일 제 2016-000141호
전화 070-7600-8230   **팩스** 070-4754-2473

값 19,500원
ISBN 979-11-6958-112-7 (13190)

※ 라온북은 (주)라온아시아의 퍼스널 브랜드입니다.
※ 이 책은 저작권법에 따라 보호받는 저작물이므로 무단전재 및 복제를 금합니다.
※ 잘못된 책은 구입하신 서점에서 바꾸어 드립니다.

라온북은 독자 여러분의 소중한 원고를 기다리고 있습니다. (raonbook@raonasia.co.kr)

씽킹 파워

THINKING POWER

차이 나는 인생을 만드는 무한 성장 에너지

장신애 지음

생각을 현실로 바꾸고 한계를 극복하는
당신의 성장 버튼을 눌러라

흙수저 출신
세계미인대회 한국 대표의
인생 성장 솔루션

RAON BOOK

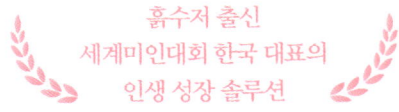

추천사

'고귀한 단순, 조용한 위대', 장신애 이사….

AI와 4차산업은 전혀 다른 미래과제를 던지고 있다. 학교 강단에서 성장을 앞둔 청년들에게 새로운 시대정신이 깃든 메시지를 소개하며 그때마다 장신애 이사를 떠올리고 초빙 특강 강사로 모시길 몇 년째이다.

'극복'과 '도전', '나눔'과 '배려'의 아이콘으로 밖에 그녀를 설명할 길이 없다. 세상을 보는 눈이 '선의'와 '긍정'이면 몸도 마음도 그렇게 따라간다는 것을 여실히 보여 주고 있는 것이다. 지금까지의 꿈과 열정으로 더 많고 더 큰 그늘을 만들어 가며 그 안에서 많은 사람들과 함께 동반성장하는 모습을 보고 싶다.

내 후임교수로 적극 추천하고 싶다.

이경엽

((사)글로벌녹색경영연구원 부총재 / 인하대학교 겸임교수 / 기호일보 칼럼니스트)

성공으로 가는 길에는 항상 좋은 습관이 필요하다. 처음에는 내가 습관을 만들지만 나중에는 좋은 습관이 나를 만든다. 박사과정에서 지도교수로 만난 저자는 타고 난 부지런함과 불타는 학습의지를 보여주었다. 그리고 긍정적인 사고가 몸에 배어있었다. 30대 초반의 다양한 그녀의 이력은 자기 손으로 빚어낸 부지런함과 열정의 궤적이다. 어려운 환경을 극복하고 그녀는 적어도 커리어 면에서는 이미 작은 성공을 이루었다. 이제 인생 중후반전에 그려질 그녀의 제2, 제3의 놀라운 성공 인생이 기대가 된다. 이제 이 책을 읽을 독자도 저자와 함께할 수 있다고 본다.

송영수

(한양대학교 교수 / 대한리더십학회 명예회장 / 한국산업교육학회 명예회장)

저자는 끊임없이 도전하는 정신과 긍정적인 에너지를 가진 10년 지기 동생이다. '씽킹파워'라는 그녀의 철학은 미래에 대한 열정과 창의적인 사고를 중시하며, 이는 우리 모두에게 더 나은 세상으로 나아갈 방향을 제시한다. 이 책을 통해 가치 있는 사고방식을 여러분도 경험하시길 진심으로 추천한다.

황순민

(수원 FC 축구선수)

이 책은 극한의 상황 속에서도 포기하지 않고 희망을 품으며 자신의 꿈을 향해 용기 있게 나아가는 멋진 동생, 장신애 양의 이야기를 담고 있다. 끝없는 도전과 시련 속에서도 희망을 잃지 않고 목표를 향해 나아가는 모습은 독자들에게 큰 용기를 북돋아 줄것이다.

백봉기
(영화배우)

어디서 그런 열정과 도전 용기가 나오는지. 씽킹파워를 읽으면 누구라도 도전할 수 있게 만드는 힘을 준다. 젊은이들에게, 또 나이를 먹은 나에게까지도 꿈과 희망을 주는 긍정메시지로 다시 한번 삶을 새롭게 시작할 수 있게 만드는 용기를 주는 책이다.

박서진
(강동대학교 창업경영학과 교수)

프롤로그

고난 속에서 피어난 아름다운 성장

삶은 나에게 많은 어려움을 안겨주었다.
'우리 집은 왜 가난한 걸까?'
'내 외모는 미인대회에 어울리지 않는 걸까?'
'나는 왜 졸업시험에 떨어질 정도로 기억력이 좋지 않은가?'
이런 부정적인 생각들은 마치 끝없는 어둠 속에서 길을 잃은 듯한 느낌을 주었다. 하지만 그 어둠에 갇히지 않기로 결심했다. 오히려 긍정의 힘을 믿고, 끊임없는 도전을 통해 앞으로 나아가기로 했다.

새벽부터 막노동을 나가시는 아버지와 공장에서 일하는 어머니를 보며, 재정적 독립을 목표로 삼았다. 학부 때부터 박사과정까지 학비와 생활비를 벌었고, 장학금을 받기 위해 열심히 공부했다. 부모님의 도움 없이 모든 비용을 마련했고, 세계 미인대회 준비에 필요한 돈까지 모았다.

"지금 잠을 자면 꿈을 꾸지만, 지금 실행하면 꿈을 이룬다."

이 말을 가슴 깊이 새겨두며, 모든 어려움을 극복해나갔다. 석사 졸업 시험에서 혼자 떨어졌을 때의 절망도, 다시 일어서서 목표를 향해 노력했던 순간도 있었다. 그런 경험들을 통해 진정한 성장을 느꼈다.

하지만 포기하지 않고, 거꾸로 넘어져도 독하게 다시 일어나며, 간절한 마음으로 독하게 노력했다. 어려운 상황에서도 긍정적인 마음가짐을 유지했고, 혼자서 해결해야 했던 문제들을 극복하며 더욱 강해져 갔다.

새로운 목표를 향해 도전할 때마다 성장해왔다. 첫 지역 미인대회에서 탈락했을 때는 실망스러웠지만, 1년간 꾸준히 준비하여 국내 미인대회 수상과 함께 3년 동안 세계 미인대회에 출전하며 '세계미인대회 한국대표 최다 타이틀'을 얻었다. 그 후에는 한국을 대표하는 미인대회의 내셔널 디렉터로 활동하며, 다양한 직업 목표를 이루며 성장할 수 있었다. 석사 과정을 마친 후, 교육공학 박사과정까지 이어갔다.

사람들이 왜 열심히 살아야 하는지에 대해 물어볼 때마다, 나는 지식을 나누고 세상을 밝히는 사람이 되고 싶다고 말한다. 개인의 삶이 얼마나 소중한지를 알려주고, 더 많은 사람들에게 도움을 주고 싶기 때문이다. 내 안에 있는 생각과 열정이 모든 어려움을 이겨낼 수 있는 원동력이라고 생각한다.

빠르게 변화하는 세상에서는 일자리와 미래에 대한 두려움이 항상 따라다닌다. 하지만 진정한 힘은 창의적인 사고에서 비롯된다. 4차 산업혁명 시대에는 창의적 사고와 문제 해결 능력이 중요하다. 진정한 경쟁력은 생각하는 힘에서 나온다.

이 책은 끊임없는 도전과 성장을 담고 있다. 꿈을 향한 성장 과정에서 겪은 어려움과 극복한 이야기를 통해 모든 이들에게 희망과 용기를 전하고 싶다. 이 변화하는 시대에 있어 가장 중요한 것은 기술이 아니라, 그것을 다루는 우리의 사고 방식인 '씽킹파워'다. 미래는 꿈을 꾸는 사람이 아니라 생각하는 사람의 것이다. 그러니 지금 당장 씽킹파워를 발휘하라. 생각이 바뀌면 인생도 변화한다. 그리고 이 책은 당신을 만들 것이다.

장신애

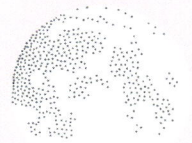

Contents

- **추천사**   04
- **프롤로그** 고난 속에서 피어난 아름다운 성장   08

Chapter.1
성장으로 이끄는 생각 에너지, 씽킹파워 4.0

- 세계미인대회에 3년 연속 출전하다   19
- 한국을 대표하는 10년 역사의 미인대회   25
- 꿈을 향해 나아가는 엔진, 실행력!   32
- 바닥부터 빌드업한 토익 점수   37
- 고독은 실력을 쌓는 길의 동반자다!   42
- 용기 있는 생각은 성공의 원동력이다   46
- 미래를 잠식하는 불안을 떨쳐내라!   51
- 긍정의 힘은 꿈을 실현하는 최고의 무기   56
- 사랑과 나눔의 기회, 봉사   61
- 가족의 사랑과 지지는 내 인생의 버팀목   66

Chapter. 2

목표 달성을 위한 씽킹파워 4.0 실행법

- 24시간이 부족하면, 48시간도 부족하다!   75
- 경제적 독립이 진짜 독립이다   80
- 성공적인 인생을 벤치마킹하라   85
- 깨어서 꿈꾸면 현실이 된다!   90
- 당신을 자극하는 롤모델이 있는가?   95
- 피지컬이 멘탈을 바꾼다   99
- 씽킹파워를 높이는 오감 자극 독서법   104
- 먹는 습관이 곧 살아가는 습관이다!   109
- 씽킹파워를 스토리텔링하라!   115
- 씽킹파워 사례1 ❶ 축구선수 허용준 ❷ 영화감독 신재호   120

Chapter. 3
인생의 J곡선을 그려내는 씽킹파워 4.0

- 절망 속 공허함을 채워준 음악의 힘　　　　　　　　129
- 자격증 취득은 미래가치의 투자!　　　　　　　　　134
- 최고의 안전자산은 자기 투자다　　　　　　　　　 139
- 뇌의 구조를 개선하는 습관의 황금률　　　　　　　144
- 성공을 위해서는 스승을 찾아라　　　　　　　　　 150
- 인간관계 속에서 통찰이 생겨난다　　　　　　　　 155
- 좋은 아침 루틴은 성공의 필요조건!　　　　　　　　160
- 글로벌 네트워킹은 긍정적 사고를 촉진한다　　　　166
- 꿈을 자신 있게 말하라. 그러면 현실이 된다　　　　171
- 씽킹파워 사례 2 ❶ 한양대학교 교육공학과 송영수 교수
　　　　　　　　❷ 국내 최다 타이틀 미인대회 10관왕 이예령 176

Chapter. 4

차이 나는 인생 10배 성장 솔루션

- 불안과 걱정을 넘어서, 꿈을 향해 나아가라   185
- 경험은 가치로, 가치는 돈으로 이어진다   191
- 노력과 헌신의 시간은 배신하지 않는다   196
- 고난은 극복과 성장의 기회   201
- 행복은 공감능력만큼 커진다   206
- 나의 가치를 높이는 의미있는 활동   211
- 한계를 극복하고 무한한 가능성을 열어라   217
- 불안하고 두려울 때는 생각을 글로 적어라   223
- 좋아서 웃는 게 아니다. 웃으면 좋아진다!   229
- 씽킹파워 사례 3 ❶ ㈜글로벌녹색경영연구원 부총재 이경엽 교수
            ❷ 치과의사 류준성 원장   235

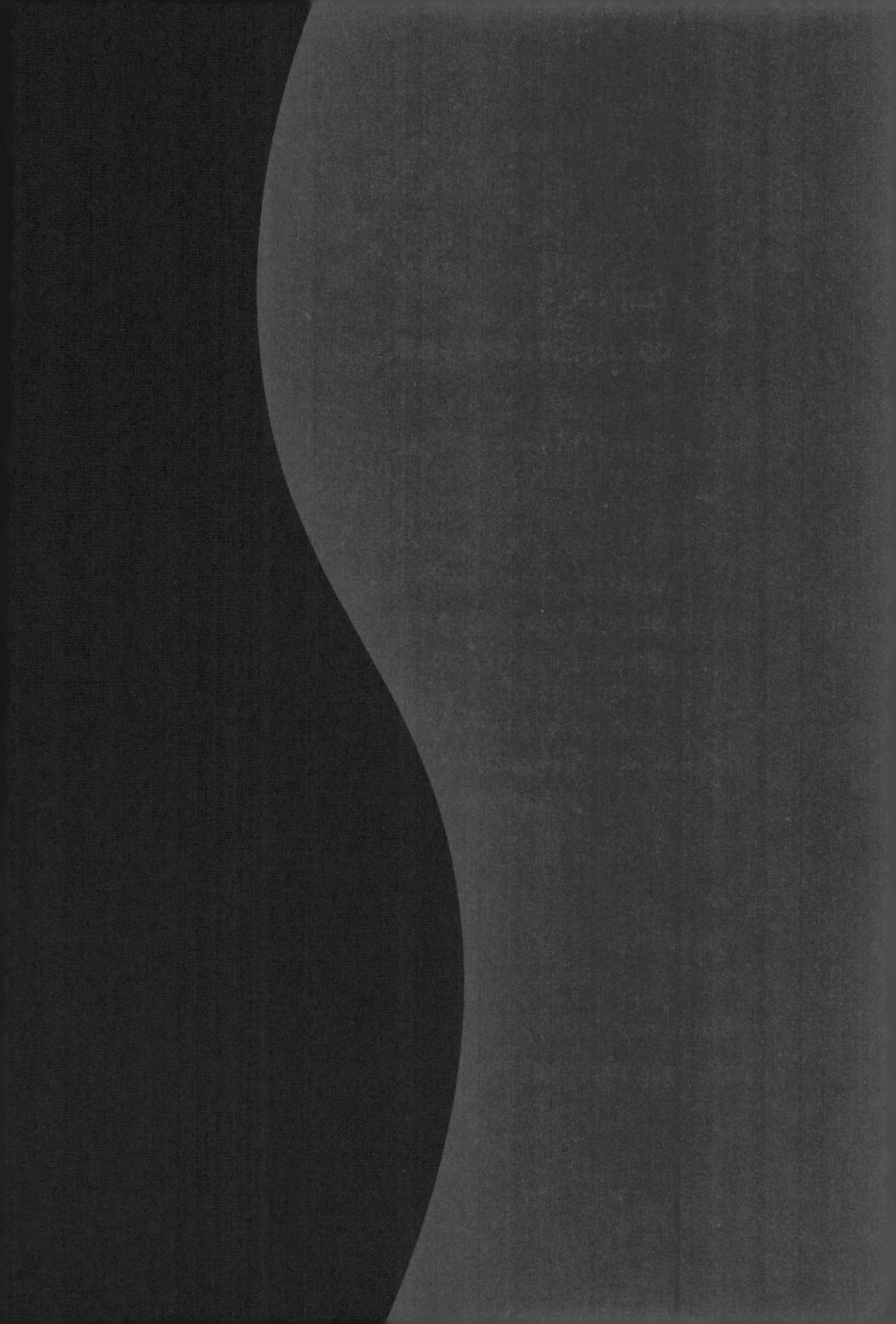

Chapter.1

성장으로 이끄는
생각 에너지,
씽킹파워 4.0

세계미인대회에 3년 연속 출전하다

세계미인대회 한국대표
최다 타이틀 보유자

~~~ **1** ~~~

📣 세계 미인대회와 함께한 3년, 무대 뒤의 이야기와 빛나는 순간들

 세계 미인대회의 무대에 서는 것은 많은 이들에게 꿈과 같은 일이지만, 나는 세 번의 세계 미인대회 출전을 통해 한국 대표로서 국내에서 최다 출전 기록을 세웠다. 세계 미인대회에 출전하려면 국내 미인대회에서 수상한 경력이 있어야 했기에, 각국의 대표로 온 친구들은 치열한 경쟁을 통해 선발된 만큼 외모와 끼, 언어 능력, 내면 모두 출중했다.

 2017년, 인도에서 합숙이 진행된 'Face of Beauty International' 세계 미인대회(60개국)를 시작으로, 나는 세계 각국의 아름다움을 대표하는 수많은 참가자들과 어깨를 나란히 하며 경쟁했다. 인천공항에서 비행기에 오르기 전, 나는 어머니께 전화를 걸어 "엄마, 잘 다녀올게요"라고 말했다. 어머니는 "신애야, 외국에서도 조심하고, 인도에서 맛있는 간식 사 먹고 와. 대회 준비 기간 동안 엄마가 아무것도 도와주지 못해서 미안해"라며 응원과 함께 나에게 20만 원의 용돈을 보내주셨다.

나는 대학원 학비를 마련해야 했기에, 비행기표를 포함한 70만 원이라는 예산 안에서 드레스와 한복 등을 준비했다. 홍콩을 경유하는 저렴한 항공편을 선택하고, 비행기 안에서는 전략을 세우며 메모장을 가득 채웠다. '어떻게 하면 심사위원의 눈길을 사로잡을 수 있을까?'라는 간절한 생각들로 가득했다.

인도의 수도 뉴델리에 도착하자마자, 나는 화장실에서 18cm의 힐을 신고, 화려한 화장에 원피스를 입은 채로 태극기를 들고 공항 밖으로 나섰다. 스태프와의 만남, 태극기를 든 사진 촬영, 그리고 공항에서 만난 친구들과의 첫 만남까지, 모든 것이 새로운 시작을 알리는 순간이었다. 첫날 룸메이트인 미스 호주 출신 루나는 음악으로 하루를 시작하는 긍정적인 에너지의 소유자였다.

카메라와 기자들의 끊임없는 관심 속에서, 우리는 매일 아침 로비에서 자신의 얼굴이 실린 신문과 뉴스를 보며 하루를 시작했다. 그러나 합숙 기간 동안 가장 힘들었던 점은 수면 부족, 잦은 호텔 이동, 그리고 무엇보다도 항상 신고 있어야 했던 18cm 힐이었다. 그럼에도 불구하고, 나는 SG워너비의 '아리랑'을 들으며 한국 대표로서의 자부심과 밝은 미소를 잃지 않았다. 약 한 달이라는 시간 동안 대회의 심사 과정은 예고 없이 수시로 진행되었기에 긴장과 기대감으로 가득 찬 시간이었다.

특히 마지막 파이널 대회 전날에는 사전 심사가 진행되었는데, 쌩얼 심사, 체형 심사, 인터뷰, 워킹 심사였다. 햇빛이 비치는 곳에서 피부로 아름다움을 평가받고, 체형 심사에서는 비키니를 입고 워킹을, 인터뷰에서는 지성과 성격을 드러내며 영어로 진행된 질문이었다. 나는 내면의 힘과 외적인 아름다움을 모두 발휘할 수 있도록, 한국 대표로서의 자부심을 가지고 최선을 다했다. 이러한 심사 과정을 통해 다양한 문화와 아름다움의 기준에 대해 배우며, 나만의 독특한 매력을 세계에 펼쳐 보일 수 있는 기회를 가졌다.

세계 미인대회의 마지막 심사인 파이널 날이 밝았다. 나는 각 전통의상, 비키니, 드레스 심사에 임하며, 한국 대표라는 타이틀을 마음에 새기고 파이널 무대에 섰다. 장구의 울림을 배경으로, 자신감 넘치는 걸음으로 각 의상마다 최선을 다하며, 심사위원들 앞에 나아갔다. 그 결과, "Miss KOREA"라는 호명이 울려퍼졌고, 나는 세계 60개국 중에 TOP 순위권 안에 들었다. 수상 결과 덕분에, 미국 TV 뉴스에 내 얼굴과 태극기와 이름이 실리며 나의 성취는 국경을 넘어 인정받았다. 세계 미인대회가 끝나고 한국으로 돌아오는 비행기 안에서 지난 시간을 돌이켜보며 눈물을 흘렸다. 이 눈물은 단순한 기쁨이나 슬픔의 표현이 아니었다.

긍정적인 마음가짐이 어떻게 긍정의 에너지를 불러오는지, 그리고 어떤 상황에서도 최선을 다하는 것이 목표를 이루는 길임을 배운 것이었다. 세계 미인대회는 나에게 미의 경연장이 아닌, 인생의 교훈을 얻는 학교였다.

수상과 함께 세계미인대회 심사위원으로 한국을 알리다

2018년, 세계 미인대회에서 수상한 지 얼마 되지 않아 나는 또 다른 기회의 문을 두드렸다. 2017년 대회 수상의 영예를 인정받아, 디렉터로부터 연락이 왔고, 나는 100개국이 참가하는 Miss Tourism Queen International 대회에 추천을 받게 되었다. 이 대회는 1949년 미국 헐리우드에서 시작되어, 관광 산업의 활성화와 문화 교류의 진흥을 목적으로 열리는 국제적인 무대로 성장했다. 미스 유니버스 등을 포함한 세계 미인대회 BIG 5 중 하나로 손꼽히는 이 대회는 그 전통과 권위를 세계적으로 인정받고 있다. 나는 이 빛나는 무대에 한국 대표로 이름을 올렸다.

드레스, 한복, 원피스 등을 협찬받기 위해 네이버와 SNS를 통해 대회 링크와 뉴스 기사를 공유하며 협찬을 요청했다. 그 결과, 5곳의 협찬사로부터 지원을 받아 합숙 기간 동안 입을 옷들을 제공받을 수 있었다. 동대문에서 천과 액세서리, 큐빅을 구입하여 의상에 화려함을 더했고, 이를 통해 무대 위에서 눈부신 퍼포먼스를 선보일 준비를 마치고 태국에 도착했다.

　세계 미인대회의 규모가 큰 만큼 시간 관리는 엄격했다. 오후 2시까지 모여야 하는 시간이면, 스태프는 우리가 도착한 순서대로 정확히 1분 단위까지 기록했다. 이틀마다 룸메이트가 바뀌었고, 때로는 영어를 사용하지 않는 친구들과 함께 지내야 했다. 번역기를 사용해 소통하거나, 제스처를 통해 서로를 이해하고 배려하는 시간을 가졌다.

　합숙 마지막 날, 우리는 서로를 꼭 안고 눈물을 흘리며 다음 만남을 기약했다. 세계 미인대회가 끝난 후, 인도네시아에서 온 친구가 한국을 방문했을 때, 나는 그녀에게 한국의 문화와 맛집을 소개해주었다. 이를 통해 우리의 우정은 더욱 돈독해졌다. 현재도 세계 미인대회를 통해 만난 친구들과의 관계는 내 삶에 큰 행운을 가져다주고 있으며, 그들을 통해 각국의 소식과 문화를 배울 수 있는 기회를 갖고 있다.

　2019년, 나는 Miss International Global이라는 또 다른 세계 미인대회로부터 연락을 받았다. 대회 측은 세계 미인대회 대표의 추천을 통해 내가 출전했던 경력을 확인하고 나에게 연락해왔다. 우리나라에서 세계 미인대회에 세 번 출전한 한국 대표가 없기에, '국내에서 세계 미인대회 한국 대표 최다 타이틀 보유자'라는 타이틀을 얻기로 결심했다. 그렇게 나는 말레이시아에서 열리는 대회에 한국 대표로 출전하게 되었다. 18cm 힐을 신고, 비율이 좋은 이미지를 유지하기 위해 자는 시간외에 항상 힐을 신고 있었다.

마지막 심사인 파이널 대회 날에는 발에 땀이 차서 걷기 힘들었지만, 투명 속옷 끈을 구두에 묶어 무대에 올랐다. 결과는 수상과 함께 왕관을 받는 영광을 안았다. 긴장이 풀리자마자 쓰러져 응급실에 실려갔지만, 그것은 나에게 새로운 시작을 알리는 신호였다. 약 3년 동안 세계 미인대회에 출전하면서, 탄수화물을 제대로 섭취하지 못하고 먹고 싶은 음식을 참아가며 대회를 준비한 결과, 인생에서 잊을 수 없는 시간을 보냈다.

세계 미인대회 수상 이후, 일본과 필리핀에서 열리는 세계 미인대회에 심사위원으로 초대받아, 국제 심사위원으로서 한국을 알리는 역할을 하고 있다. 2024년에도 나는 말레이시아 등에서 열리는 세계 미인대회 심사위원으로 초대받아 외국으로 심사를 보러 가게 되었다. 아무것도 없는 밑바닥에서도 내가 도전할 수 있는 것에 집중하면 무언가를 이룰 수 있다는 것을 깨달았다. 이 모든 경험은 단순한 대회의 수상 이상의 의미를 가지고 있다. 세계 미인대회는 나에게 한국 대표라는 역할과 많은 국가의 친구들을 선물해주었다. 나는 이 경험을 바탕으로 더 많은 사람들에게 꿈을 심어주고, 한국의 아름다움을 전 세계에 알리는 사명을 가지고, 단단한 내공을 쌓아가며 나아가고 있다.

한국을 대표하는 10년 역사의 미인대회

내셔널 디렉터,
국내 최초의 5인 중 한 명

~~~ 2 ~~~

국내 미인대회를 지역에서 전국으로, 글로벌 도약을 이끄는 전략

존 F. 케네디 대통령은 "우리의 문제는 인간이 만든 것이기에 인간에 의해 해결될 수 있다. 인간은 원하는 만큼 꿈을 펼칠 수 있으며, 우리의 운명은 우리 스스로가 만들어간다"고 말했다. 그의 리더십은 미국을 우주 탐사의 선두주자로 만들겠다는 약속을 지켰고, 많은 이들에게 영감을 주었다. 그의 말은 우리 모두에게 큰 울림을 주며, 어떠한 상황에서도 희망을 가져야 하며, 결정과 행동이 큰 변화를 이끌 수 있다는 믿음을 심어준다. 우리는 그의 말처럼 모든 문제를 극복할 수 있는 능력이 있으며, 자신과 사회를 더 나은 방향으로 이끌 수 있다.

한국에는 10년 이상의 역사를 자랑하는 미인대회가 다섯 개 미만으로 존재하며, 각 대회마다 1명씩, 총 5명 미만의 내셔널 디렉터가 활동하고 있다. 나는 그 중 한 명으로서, 2011년에 설립된 '미스그린코리아&미스그린인터내셔널 대회'의 내셔널 디렉터로 활동하고 있다. 이 직업은 한국의 아름다움을 세계에 알리는 중요한 임무를 맡고 있다.

전국 각 지역에서 진선미를 수상한 인재들을 발굴하여 수상자들이 최종 대회를 통해 국가 대표로 선발되고, 세계 무대에서 그들의 아름다움을 빛낼 수 있도록 돕고 있다. 이를 통해 한국의 문화와 미를 세계에 널리 알리는 데 기여하고 있다.

세계미인대회 한국대표 선발에서 내셔널 디렉터로서의 역할은 매우 중요하다. 나는 한국 대표를 선발하고 준비시키는 것뿐만 아니라, 국제 무대에서 경쟁력을 강화하는 데에도 기여하고 있다. 한국 대표가 세계 미인대회에서 최선을 다할 수 있도록 훈련과 멘토링을 제공하며, 대회의 이미지와 브랜딩에 주력하여 우리나라의 문화와 이미지를 긍정적으로 대표하고 홍보할 수 있도록 교육한다. 또한, 대회가 단순한 외모 평가를 넘어서 참가자들의 다양한 능력과 인성을 평가하는 종합적인 대회로 발전할 수 있도록 노력하고 있다. 이러한 역할을 통해, 미인대회가 문화적 가치와 사회적 메시지를 전달하는 중요한 플랫폼으로 자리매김할 수 있도록 기여하고 있다.

권순창 위원장님께서는 '비리 없는 대회, 깨끗한 대회'를 만들고자 '그린'이라는 단어를 넣어 미스그린코리아&미스그린인터내셔널 대회를 설립하셨다. 이 대회는 환경의 심각성에 대한 대처와 적극적인 홍보뿐만 아니라, 사회의 부조리와 모순에 맞서 순수함을 일깨우는 데에도 큰 의미를 두고 있다. 친환경 정책을 통해 순수한 자연과 깨끗한 지구 환경을 선도하는 ESG 정책과 투명한 세상 만들기를 실천하고 있으며, 지덕체를 겸비한 사절단을 월드 대표로 파견하여 대한민국을 대표하는 아름답고 우수한 인재를 선발하는 정통 미인대회이다.

일년에 두 번, Miss와 Mrs 대회를 최종적으로 진행하고 있다. Miss 대회의 전국 지역 예선은 6월 중순부터 7월 중순까지 진행되며, 선발된 수상자들은 8월에 서울 엘리에나호텔에서 최종 본선을 치러 한국 대표를 선발한다. 또한 Mrs 대회의 최종 본선은 11월에 같은 장소에서 열린다. 위원장님과 나는 한국 대표로 선발된 수상자들과 미팅을 통해 세계 미인대회로 파견한다.

내가 이사로 근무하게 된 계기는 2014년에 국내 미인대회에서 상을 받고 난 후였다. 2015년, 위원장님께서 연락이 오셨다. "신애 씨, 작년 수상자들이 바쁜 일정으로 시간이 없다고 하네요. 합숙 기간 동안 스피치와 워킹을 도와주실 수 있나요?"라고 물으셨고, 나는 나를 찾아주시는 것에 감사하여 돕겠다고 말씀드렸다.

처음으로 대회를 도운 그 여름, 후보자들과 함께 합숙 장소로 이동했다. 2박 3일 동안 스피치와 워킹, 무대 동선, 자기소개, 이미지 메이킹 등을 지도하면서 후보자들과 소통하고 그들의 성장을 도울 수 있었다. 이 경험을 통해 대회의 중요성과 그 과정에서의 역할을 깊이 이해하게 되었고, 나아가 이사로서의 책임감도 더욱 커지게 되었다. 34명의 후보자들과 함께한 그 시간은 나에게 큰 의미가 있었다.

세계 무대에서 배운 교훈과 혁신 전략

나는 세계 미인대회에서 수상 후, 시야가 넓어졌고 '이 대회를 어떻게 하면 더 크게 성장시킬 수 있을까'에 대한 고민을 시작했다. 국내외 대회를 조사하고, 유튜브와 SNS를 통해 공부하며 아이디어를 모았다. 위원장님과의 회의에서 내가 제안한 아이디어들은 다음과 같다.

1. **대회 이름 변경** : 한국에서 세계 미인대회를 개최하는 꿈을 실현하기 위해, 미스그린코리아에서 미스그린인터내셔널로 이름을 변경하는 것을 추천했다. 특히, 국제적인 이미지를 강화하고, 대회 이름이 브랜드화에 중요한 역할을 할 것이라고 생각했다.
2. **전국 지역 대회 추진** : 전국 각 지역에서 대회를 개최하여 대회의 인지도를 높이고 참가자를 늘릴 수 있다. 더 많은 인재들이 발굴되고, 대회의 규모와 영향력이 확대될 것이

라고 생각했다.
3. SNS 개설 : 트렌드에 맞게 정보를 얻는 주요 수단인 SNS를 통해 참가자와 협찬사를 늘리는 것을 추천했다. SNS는 대회의 홍보와 마케팅에 필수적인 도구로, 참가자들의 이야기와 대회의 순간들을 실시간으로 공유할 수 있기 때문이다.
4. 조직도 구성 : 각 지역마다 대표와 부대표, 이사, 팀장 등 조직을 구성하여 대회를 운영하는 것을 추천했다. 대회의 효율적인 관리와 지역 커뮤니티와의 연계를 강화하는 데 도움이 될 수 있기 때문이다.
5. 성악 공연 : 최종 본선 대회 날 성악 공연으로 고급스러운 분위기를 전환할 수 있다. 대회의 문화적 가치를 높이고, 참가자들과 관객들에게 더욱 풍부한 경험을 제공할 것이다.

위원장님은 제안을 받아들이셨고, "신애 씨, 한번 시작해보세요. 예산도 알려드릴 테니, 전국 지역 대회를 시작해보세요. 그리고 세계 미인대회 경력을 살려 앞으로는 내셔널 디렉터에도 도전해보세요."라고 응원해주셨다.

미팅 후, 나는 계획을 세우고 실행에 옮겼다. SNS를 개설하고, 첫 지역 대회의 시작으로 대구에서 개최할 수 있는 장소를 알아보았다. 주변의 지인들과 방송을 통해 알게 된 분들로 조직도를 구성했다. 위원장님은 협찬사를 알아보시고, 대회를 전국적으로 확장하셨다. 2019년부터 나는 세계 미인대회에서 쌓은 인맥을 바탕으로 내셔널 디렉터로 본격적으로 활동하게 되었다.

세계 미인대회에서 만난 친구들이 소개해 준 대회 관계자들과 정보 등을 통해 총 10개의 라이선스를 확보했다. 그중에서도 가장 큰 대회인 Miss Eco International에는 80개국이 참가하며 이집트에서 열린다. 나는 이 대회의 라이선스를 확보하여 매년 한국 대표를 파견하고 있다. 지역 예선에서 진선미로 선발된 후, 최종 본선에서 진선미와 한국 대표로 선발된 참가자들은 이집트, 파라과이, 튀니지, 인도 등의 국제 무대에 출전하고 있다.

우리 대회는 2011년부터 14년간 운영되고 있으며, 참가자들은 참가비 없이 대회에 참여할 수 있다. 수상자들에게는 왕관과 띠, 상장을 선물로 수여하고 있다. 대회는 핫팬츠 심사, 원피스 런웨이, 드레스 인터뷰로 진행되며, 진선미에 선발된 참가자들은 세계 미인대회 한국 대표로 출전할 자격을 얻게 된다. 현재, 우리 대회는 각 지역마다 위원장, 부위원장, 이사, 팀장 등 총 50명 이상의 관계자들이 근무하고 있다.

매년 12월 말, 서울 강남구 호텔리베라에서 '미스그린코리아&미스그린인터내셔널 리셉션'을 열어 최종 본선 진출 증서와 한국 대표 띠를 수여하고 있다. 이 모든 과정은 대회의 가치와 목표를 실현하는 중요한 단계이며, 참가자들에게는 자신의 능력을 세계 무대에 선보일 수 있는 소중한 기회를 제공한다. 위원장님께서는 총괄 대표로서, 나는 내셔널 디렉터로서 대회의 성장과 발전을 위해 끊임없이 노력하고 있으며, 미스그린코리아&미스그린인터내셔널 대회가 추구하는 깨끗하고 아름다운 세상을 만드는 데 일조하고자 한다. 앞으로도 더 많은 인재들이 이 대회를 통해 세계 무대에서 빛날 수 있도록 지원하고 격려할 것이다.

라이선스 확보에 성공한 비결은 여러 요소가 있겠지만, 가장 중요한 것은 국제적인 네트워크를 구축하고 유지하는 능력이다. 세계 미인대회에서 만난 사람들과의 관계를 잘 유지하고, 그들을 통해 기회를 얻는 것이 큰 도움이 되었다. 이러한 신뢰와 명확한 비전은 대회를 성공적으로 운영하고, 국제적인 무대에 한국 대표를 파견하는 데 있어 필수적인 라이선스 확보에 결정적인 영향을 미쳤다.

나는 이 모든 경험을 통해 한 가지 중요한 교훈을 얻었다. 그것은 바로 '연결'의 힘이라는 것이다. 사람들과의 연결, 문화와의 연결, 그리고 꿈과 목표를 이루기 위한 연결이다.

꿈을 향해 나아가는 엔진, 실행력!

이가 없으면
잇몸으로라도 씹자

3

📢 불가능을 가능하게 하는 한국 대표의 세계 무대 도전기

　환경을 탓하고 불평할 시간에 바로 실행에 옮겼다. '이가 없으면 잇몸이라도 씹자'는 마음가짐으로, 불가능을 가능하게 만드는 도전을 했다.

　미인대회에서 일하던 어느 날, 예상치 못한 기회가 찾아왔다. 우리 대회에서 근무하던 디렉터께서 "신애 씨, 미인대회 수상 경력도 있고, 비율과 외모가 세계 미인대회에도 적합해서, 본사가 뉴질랜드 오클랜드에 소재한 60개국이 참여하는 Face of Beauty International 대회에 한국 대표로 추천하고 싶어요. 하지만 대회까지 3주밖에 남지 않았어요."라고 연락을 주셨다. 나는 세계 미인대회를 나갈 수 있는 행운의 기회를 놓칠 수 없었다. 2017년 인도 뉴델리에서 개최된 이 대회에 한국 대표로 출전하기로 결심했다. 어머니께 소식을 전하자, 걱정스러운 목소리로 "세계 미인대회에 나가려면 준비할 것이 많은데, 많은 비용을 감당할 수 있을까?"라고 말씀하셨다. 하지만 나는 출전하기로 마음을 굳힌 상태였다. "걱정 마세요, 어머니. 저 혼자서 준비할 수 있어요." 나는 새로운 목표를 향해 첫걸음을 내디뎠다.

A4 용지에 계획을 세우기 시작했다. 세계 미인대회에 한국 대표로 출전한 분과 통화를 해보니 드레스 비용만 천만 원 이상이 들었다고 했다. 준비 비용을 듣자마자 놀랐지만 마음을 가다듬고 협찬을 받을 방법을 모색하기 시작했다. '이가 없으면 잇몸이라도 씹자'는 마음으로, 뉴스 기사를 통해 세계 미인대회 한국 대표로 출전한다는 소식을 알리기로 했다. 20곳의 기자님들에게 연락을 취했고, 아트코리아 방송의 김한정 대표님께서 기사를 내주시겠다고 연락이 오셨다. 그 기사는 나에게 희망의 불씨를 지폈다. 뉴스 기사를 통해 나는 협찬을 요청했고, 한복과 드레스, 합숙 때 필요한 원피스까지 협찬을 받을 수 있었다.

장기자랑에 필요한 장구와 끈 등 소품을 인터넷에서 알뜰하게 구매하고 리폼했다. 또한, 유시아 선생님께서 세계 미인 대회에 어울릴 만한 메이크업과 헤어 수업을 무료로 해주셨다. 이렇게 아낄 곳에 아끼고, 쓸 곳에는 쓰는 검소함으로 대회를 준비했다. 그 결과, 세계 미인대회에서 60개국 중 TOP 수상에 이름을 올렸고, 미국 뉴스를 통해 전 세계적으로 한국을 빛낼 수 있었다. 돌아오는 비행기 안에서, '이가 없으면 잇몸이라도 씹을 수 있게 하는 강한 힘'이 얼마나 중요한지 깨달았다. 그 힘은 나를 세계 무대로 이끌었고, 꿈을 이루게 해주었다.

세계 미인대회 이후, 더 많은 기회를 얻기 시작했다. 나의 스토리는 많은 사람들에게 감동을 주었고, 대학교 특강 강연과 인터뷰를 통해 더 많은 사람들과 소통할 수 있었다. 특히 나와 인연이 된 가장 기억에 남는 제자(서연, 채윤 등)들이 있다. 그 중에 가장 기억에 남는 첫 번째 제자는 조주현이라는 학생이다. 우리 집에서 합숙을 하면서 운동부터 장기자랑 준비까지 간절함으로 세계 미인대회 준비를 하였다. 그녀는 이집트에서 열린 Miss Eco International이라는 80개국이 참가하는 세계 미인대회에 출전해 특별상을 수상했다. 두 번째 제자는 안다솜이라는 학생이었다. 하나를 가르쳐주면 두 개를 공부해 올 정도로 일 년 동안 열심히 준비하여, 미스코리아에서 특별상과 국내 미인대회 등 다수 대회에서 수상하였다. 이러한 경험은 내가 걸어온 꿈을 향한 열정이 현실이 될 수 있음을 보여주는 증거였다. 세 번째 제자는 이수민이라는 학생이다. 교육원에서 강의를 마친 후, 이수민이라는 학생이 나에게 다가와 말했다. "선생님의 이야기를 듣고 나니, 저도 제 꿈을 향해 세계 미인대회 등 다양한 꿈에 도전하고 싶어요. 선생님처럼, 저도 '이가 없으면 잇몸이라도 씹을 수 있게 하는 강한 힘'을 가지고 싶습니다." 그녀의 말에 깊은 감동을 받았다. 나의 삶이 다른 사람의 꿈을 향한 목표에 불을 지핀 것이었다. 그녀는 일 년 동안 열심히 준비하여, 국내 미인대회 지역 대회에서 미로 수상한 후, 2024년 Miss Eco International 세계 미인대회의 한국 대표로 출전했다.

어려움 극복과 창의력 강화를 위한 내적 힘을 발휘하는 방법

나는 세계 미인대회 준비의 어려움에 직면했을 때, '이가 없으면 잇몸으로 씹는다'는 속담을 떠올렸다. 이는 어떤 상황에서도 해결책을 찾으려는 인간의 끈기와 창의력을 상징한다. 이러한 생각의 힘을 통해 이겨냈다.

첫째, 긍정적 사고를 심화시켰다. 일상에서 발생하는 모든 상황을 긍정적인 관점에서 바라보려고 노력했다. 이를 위해, 매일 아침 긍정적인 명언을 읽거나, 성공한 사람들의 스토리를 유튜브로 접했다.

둘째, 목표 설정을 구체화했다. 단순히 '성공하고 싶다'는 생각보다는, '60개국 중 10위 안에 들겠다'는 구체적인 계획을 세웠다. 이는 최종 목표에 도달하는 데 큰 도움이 되었다.

셋째, 지속적인 학습을 확장했다. 새로운 지식을 배우는 것에 열린 마음을 가지려고 노력했다. 온라인 강의를 듣거나, 책을 읽고, CNN 기사를 접하면서 새로운 지식을 습득했다. 이는 지식을 내재화하고 확장하는 데 큰 도움을 주었다.

마지막으로, 감사하는 마음을 일상 생활에 적극적으로 통합

했다. 매일 감사할 수 있는 것들을 찾고, 감사 일기를 쓰며, 주변 사람들에게 감사의 말을 전했다. 작은 것에도 감사할 줄 아는 연습 덕분에 준비 기간 동안 즐거움을 느낄 수 있었다.

이러한 방법들을 실천하면서, 나는 어떤 상황에서도 잇몸으로 씹을 수 있는 생각의 힘을 강화할 수 있었다. 현실적인 어려움을 극복하는 것은 쉽지 않지만, 이 원칙들을 적용하면 더 강한 정신력과 창의력을 가질 수 있다.

이 원칙들 덕분에 세계 미인대회 준비 과정부터 합숙 기간까지 마주치는 장애물을 넘어서는 데 필요한 내적인 힘을 얻을 수 있었다. 사람에게는 잠재력이 있으며, 이를 발휘하기 위해서는 끊임없는 노력과 자기 발전이 필요하다고 생각한다.

내가 쌓아온 경험과 지혜가, 꿈을 향한 뜨거운 열정을 가진 이들에게 진정한 가치를 전달할 수 있다는 것을 알게 되었다. 또한 힘든 상황 속에서도 꿈을 향해 나아가는 그들의 눈동자 속에 반짝이는 열망을 보면서, 나 역시 그들에게 긍정적인 힘이 되고 싶다는 강한 소망을 느끼고 있다.

바닥부터 빌드업한 토익 점수

세계 육상 선수권대회
동시통역사까지 도달하다

4

목표를 향한 끊임없는 도전 : 원하는 것을 얻기 위한 비결

영어는 승무원이 되기 위한 필수 조건이었지만, 나는 영어에 대한 자신감이 없었다. 토익 점수는 신발 사이즈와 같았고, 간단한 회화와 보디랭귀지로만 대화할 수 있는 수준이었다. 그러던 어느 날, 대학교에서 여름방학 동안 토익 점수가 높은 순서대로 학생들을 필리핀으로 어학 연수를 보내준다는 공지를 내렸다. 이 공지를 보고 나는 한 달 동안 토익 점수를 올리기 위해 도전하기로 결심했다.

한 달 안에 신발 사이즈 수준의 점수를 올려야 했기에 어려움이 많았다. 하지만 승무원 시험에 영어 회화 면접이 있었기 때문에 어학 연수가 나에게 좋은 경험이 될 수 있다고 생각했다. 그래서 나는 등하굣길 셔틀 버스 안에서 영어를 반복해서 들었다. 점심 시간마다 고구마와 샐러드 등 도시락을 챙겨 도서관에서 토익 책에서 무료로 지원해주는 영상을 보며 문법 공부를 했다.

모르는 단어가 많아서 리스닝 점수를 맞추기가 어려웠다. 하지만 나는 포기하지 않고, 매일 영어 단어를 100개씩 수첩에 작성해 쉬는 시간마다 보면서 외웠고, 포스트잇에 영어 단어를 적어 거실과 방마다 붙여놓고 외웠다. 어려운 단어는 나만의 방식으로 외웠다. 예를 들어 'Volunteer'는 '자원봉사자는 발로 뛰어다닌다'라는 식으로 기억했다. 24시간 중 자는 시간 외에는 영어 공부에 몰두한 결과, 간절함 속에 원하는 목표 점수를 받아 어학연수를 갈 수 있게 되었다.

이러한 경험을 통해 영어에 대한 두려움을 극복하고, 새로운 것에 도전하는 역량을 키울 수 있었다. 이전의 나는 행동보다 계획만 생각했지만, 실행을 통해 '나도 할 수 있다'라는 자신감을 얻었다. 나는 필리핀 어학 연수를 꼭 가고 싶었다. 대학교 선배 한 분이 독하게 준비하여 승무원이 된 상황에서 나도 영어 실력을 갖추지 않으면 원하는 목표에 도달할 수 없을 것이라고 생각했기 때문이다. 뚜렷한 목표와 간절함이 있었기에 시간 관리법과 공부 방법을 터득하여 원하는 목표 점수를 달성할 수 있었다.

필리핀에 도착해서도 영어 공부를 게을리하지 않았다. Jose Rizal 대학교에서 수업을 들었는데, 외국인 선생님께서 수업 시간에 이야기한 내용 중 50%밖에 이해하지 못했지만, 부끄러워하지 않고 질문하고 반복해서 들었다. 수업이 끝나면 모르는 내용은 한 번 더 물어보았다. 자기 전마다 매일 50~100개씩 영어 단어 시험을 봤는데, 테스트에 떨어지는 날이 많았지만 긍정적으로 생각하면서 공부했다.

영어의 두려움을 이겨내며 동시통역사로 향하다

낯선 외국에서 대화 소통에 어려움을 느껴 집에 가고 싶었지만, 점차 적응하기 시작하면서 즐기게 되었다. 대학교 친구들과 대화하며 새로운 친구도 만날 수 있었고, 영어에 대한 두려움도 극복할 수 있었다. 필리핀에서 돌아온 후에도 독학으로 토익 스피킹 등을 매일 1시간씩 꾸준히 공부했다.

그러던 중, 나는 좋은 기회를 얻었다. 대학교에서 세계 육상 선수권 대회를 주최하는 기관과 협력하게 된 것이다. 수업 시간마다 항상 맨 앞에 앉은 덕분인지 교수님과 동기 친구들의 추천으로, 약 10년간 해외에서 살았던 복학생 오빠와 함께 통역사로 활동하게 되었다. 그는 낮 시간에, 나는 저녁 시간에 각각 통역을 맡았다.

우리는 세계 각국의 육상 선수들과 외국 기자들, 관계자들과 소통해야 했다. 나는 맡은 업무에 책임을 다하기 위해 외국인 선수들과 원활히 소통할 수 있는 영어 능력을 갖추고자 했다. 일과 휴식 외의 시간에도 영어 단어 암기, 영어 드라마와 영화 시청,

영어 뉴스 청취 등을 통해 외국인들과 인사를 나누며 대화하려고 노력했다.

통역 일을 하던 중 어려움도 있었다. "따르릉 따르릉" 전화가 걸려왔을 때, 처음 듣는 문장과 단어들로 인해 당황스러울 때도 있었다. 하지만 맡은 업무였기에 들리는 대로 종이에 적고 분석하면서 답을 찾아냈다. 이러한 문제를 해결해 나가면서 보람과 성취감을 느낄 수 있었다.

이 경험은 나에게 더 큰 기회를 가져다주었다. 위원장님의 추천으로 Mrs World 세계 미인대회에서 미국 회장님의 통역을 맡게 되었고, 이후 Mrs International Global 말레이시아 회장님의 통역사로도 활동하게 되었다. 또한, 사법통역사 자격증도 취득할 수 있었다.

학위 과정에서도 영어의 중요성을 깨달았다. 석사와 박사 졸업 요건 중 영어 졸업 시험은 필수였고, 매일 한 시간씩 꾸준히 영어를 공부함으로써 석사 졸업 영어 시험과 박사 졸업을 위한 영어 시험 모두 통과할 수 있었다.

이러한 경험을 통해 두 가지 중요한 교훈을 얻었다. 첫째, 두려움은 성장의 장애물이 아니라 동력이다. 두려움을 피하거나 숨기지 말고, 인정하고 도전해야 한다. 둘째, 노력은 결코 헛되지 않는다. 노력은 능력을 향상시키고, 자신감을 주며, 꿈을 이루게 한다. 특히 노력은 삶을 풍요롭고 행복하게 만든다. 영어를 통해 씽킹파워의 중요성과 유용함을 깨달았다.

현재는 새로운 기술과 지식이 빠르게 발전하고 변화하는 시대이다. 그렇기 때문에 우리는 후회하지 않는 오늘의 '나'가 될 수 있도록, 새로운 것을 배우고, 실패하더라도 다시 도전하는 과정을 거쳐야 한다. 특히 새로운 가치를 창출하려는 능력을 키우는 것이 중요하다.

고독은 실력을 쌓는 길의 동반자다!

**혼자일 때
가장 단단하다**

5

📢 목표 달성을 위해 시골에서 서울로 새로운 시작

경상북도 작은 마을에서 자랐던 나는 항상 서울에서의 실습 기회를 꿈꾸어 왔다. 그래서 면접 후에 좋은 결과로 서울의 유명한 5성급 W워커힐 호텔에서 실습을 시작할 수 있게 되었다. 첫날부터 나의 임무는 주요 고객들의 이름을 기억하는 것이었다. 선배들은 영어, 일본어, 중국어 등 여러 언어를 능숙하게 구사했고, 그들의 끊임없는 자기계발은 나에게 '열심히 살아야겠다'는 다짐을 하게 만든 것이었다. 호텔에서의 근무는 3교대였으며, 새벽 지하철에서 만나는 사람들을 보며, 나는 서울에서의 성공을 꿈꾸었다.

졸업을 앞두고 객실부 인턴으로 일하기로 결심했다. 면접을 통해 긍정적인 결과를 얻어 W워커힐 객실부에서 졸업 전까지 인턴으로 근무할 기회를 얻었다. 리테일 샵에서 고가의 액세서리 판매와 객실 데코레이션을 담당했다. 중간고사와 기말고사 기간에는 근무하면서 공부도 병행했다. W워커힐 객실부에서의 8개월은 소중한 경험이었으며, 학업과 근무를 병행하며 시간 관리와 책임감을 배웠다. 졸업식에 참석하지 못한 것은 아쉬움으로 남았지만, 그것은 내 헌신을 상징하는 순간이었다.

졸업 후 W워커힐에서의 취업 면접 기회가 있었지만, 승무원을 준비하기 위해 구미로 내려갔다. 승무원을 준비하던 중에, 교통사고를 겪었고, 그 사건을 계기로 인생의 소중함을 깊이 깨달았다. 퇴원 후 재활치료를 통해 걷기 연습을 하고, 걸을 수 있게 되자 승무원 준비에 본격적으로 착수했다. 10월의 추운 날, 서울로 가기로 결심했다. 서울에 사시던 할머니께서 구미에 있는 요양병원에 입원하신 지 일 년이 넘었다. 그동안 할머니 댁은 비어있었다. 옷을 박스에 챙겨 할머니 댁으로 보내고, 택배 도착 날짜에 맞춰 기차표를 끊었다. 서울로 가는 길에 어머니께 "서울에서 취업 목표를 이루고 연락드릴게요. 그동안 기다려주세요"라는 장문의 문자를 보냈다. 할머니 댁에 도착하니, 집은 추웠고 보일러는 작동하지 않았다. 한겨울에 서울에서 지내는 동안, 방석 같은 같은 난방기구를 찾아 따뜻함을 유지했다.

계획 세우기는 미래를 설계하는 시간이었다. 계획을 세운 이후, 두유와 사과를 먹으며 몸매 관리를 하고, 화상 수업을 통해 외항사 근무 경험이 있는 선생님에게 배우는 동안, 면접 준비에 필요한 지식과 자신감을 쌓았다. 철도 승무원으로의 최종 합격은 내 노력이 결실을 맺은 순간이었고, 취업 후 부모님께 전화를 드리며 3개월 만에 부모님의 목소리를 들었다. 부모님과의 전화 통화는 그동안의 고독이 가져다준 성취를 공유하는 시간이었다. 어머니는 3개월 동안 묵묵히 나를 믿어주셨고, 서울에 오셔서 유니폼을 입은 내 모습을 보고 좋아하셨고, 축하해주셨다.

서울에 혼자 올라와 취업을 준비하면서 아무도 연락하지 않고, 독하게 준비했다. 고독의 시간이었지만, 그것은 나를 더욱 강하게 만들었다. 그 결과 원하는 목표를 이룰 수 있었다고 생각한다. 이러한 경험은 목표 설정의 중요성, 자기 인식의 필요성, 건강한 습관의 유지, 자기 계발의 힘, 긍정적 사고의 효과, 그리고 시간 관리의 중요성을 깨닫게 해주었다. 이 모든 것들이 내 성장을 도왔고, 꿈을 향해 나아가게 하는 원동력이 되었다.

고독은 삶의 도전을 극복하는 내면의 힘

고독은 나 자신을 더 깊이 이해하고, 내면의 목소리에 귀 기울일 수 있는 고요한 공간을 제공한다. 이 시간은 내가 진정으로 원하는 것과 되고자 하는 사람이 무엇인지 명확히 하는 데 도움을 주었다.

내가 가진 다양한 경험들은 고독한 시간의 필요성을 가르쳐

주었다. 혼자만의 시간을 통해 준비하고, 성찰하는 과정은 삶의 도전을 극복하고 개인적인 성장을 이루는 데 큰 도움이 되었다. 고독은 나에게 스스로와의 대화를 통해 삶의 의미를 발견하고, 나만의 길을 개척하는 데 중요한 시간을 선사했다.

바쁜 일상에서 벗어나 새로운 아이디어를 생각하고, 문제를 다른 관점에서 바라볼 수 있는 기회를 제공했다. 특히 나만의 방식으로 문제를 해결하고, 독창적인 해결책을 찾는 과정에서 고독은 나의 든든한 동반자였다. 이러한 시간들은 나를 더욱 단단하게 만들었고, 내 꿈을 향한 도전에 큰 힘이 되었다.

하이파 대학교의 연구에 따르면 자연에서의 고독한 시간은 나의 성장과 치유에 중요한 역할을 한다. 고독한 시간은 자기 성찰과 삶의 의미를 탐구하는 데 필수적이며, 이를 통해 나는 나 자신과 세계에 대한 더 깊고 넓은 이해를 얻을 수 있다.

또한, 고독한 시간은 자신의 감정을 이해하고 받아들이는 데 도움이 되며, 그 결과로 자아 인식이 높아지고 내면의 안정감을 찾을 수 있다. 이러한 과정은 우리가 더 나은 사람으로 성장하고, 주변 환경과의 관계를 더 건강하게 유지하는 데 도움이 된다. 따라서 고독한 시간을 통해 나는 내적 성장을 이루고, 나의 목표를 달성하는 데 더욱 긍정적인 영향을 받을 수 있다.

용기 있는 생각은 성공의 원동력이다

아나운서로의 첫걸음과
성장, 발전

6

연습과 노력으로 시작한 아나운서로서 첫걸음

　용기를 내어 기회를 노려보자. 그리고 그 기회를 잡아라. 매년 미인대회의 MC로 활약하던 A아나운서는, 내가 이사로서 총괄업무를 맡은 이후, 무대 위에서 참가자들을 카리스마 있게 이끄는 모습에 감탄을 아끼지 않았다. 그러던 어느 토요일 저녁, 예기치 않은 전화 한 통이 왔다. A아나운서는 나에게 "신애 씨~ 내일 오전 9시, 국악방송에서 열리는 전국민요 경창대회에 여자 아나운서가 필요해요. 신애 씨의 리더십과 신뢰성 있는 목소리가 아나운서로서 적합할 것 같아서 추천하고 싶네요. 갑작스럽게 참석하지 못하게 된 여자 아나운서를 대신해 주실 수 있으신가요?"라고 물어보았다.

나는 "저, 아나운서 경력이 없어요."라고 말했다. A아나운서는 "아나운서 일이 처음이라도 괜찮아요. 제가 도와드릴게요."라고 했다. 그 순간, 나는 고민이 되었지만, 용기를 내어 '그래, 한번 도전해보자!' 라고 결심했다. 전화를 끊자마자 유튜브에서 아나운서와 행사 MC를 검색하며, 닮고 싶은 아나운서를 찾아, 그들의 말투와 억양을 닮고자 노력했다. 네이버에서 아나운서 대본을 찾아, 녹음을 하며 발음과 목소리를 점검했다. 밤새 100번의 연습을 거듭한 끝에, 새벽 2시에 잠이 들었다.

다음날, 나는 롤모델 아나운서의 이미지와 비슷한 느낌을 가지기 위해 원피스와 스타일링으로 준비를 마쳤다. 국회의원도 참석하는 큰 행사였기에 다리가 후들후들 떨렸다. '내가 이 자리에 있을 수 있음에 감사하며 최선을 다해보자'라는 마음가짐으로 진행 전 몰입하여 연습을 했다. 1부에는 단독으로, 2부에는 A아나운서와 함께 진행했다.

방송이 끝나고, 타 방송 PD님이 나에게 다가와 군대 위문공연 MC로 활동할 생각이 있는지 물었다. 그리고는 명함을 건네셨다. 그렇게 나는 군부대 위문공연 MC로 무대에 서게 되었다. 군부대에 도착했을 때, 큐시트가 없다는 사실에 당황했지만, 이런 순발력도 아나운서에게 필요한 능력이라고 생각하며, 해결책을 찾기 시작했다. 가수들을 한 팀씩 인터뷰하며, 가수이름의 특징과 들려줄 노래 등 어떤 부분을 강조하여 소개하면 좋을지 인터뷰했다. 그리고 군부대에서 행사를 담당하는 군인을 찾아 이

군대의 특징을 조사했다. 그 정보를 바탕으로 나만의 대본을 만들었다. 처음으로 위문공연의 MC를 3시간 동안 맡으면서 우여곡절도 있었지만, 무사히 마치고 나니, 배울 점이 많았던 경험이었다.

아나운서로서의 성장과 발전, 다양한 진행으로서 경험과 그 의미

7년 동안 프리랜서 아나운서로 활동하며, 파주시 착공식, 대가야축제 패션쇼, 한국-중국 무역 행사, 대한민국 미술협회 행사 등 다양한 방송 활동을 이어갔다. 고용노동부와 한국산업인력관리공단에서 주관하는 바이오 헬스케어 인재양성 프로그램 진행도 맡았으며, 최근에는 국회에서 EBS '딩동댕 유치원'의 뚝딱이 아빠로 유명한 개그맨 김종석 교수님과 함께 MC를 보았다. 두려움을 넘어선 용기 있는 결정은 내 삶을 변화시키는 계기가 되었고, 끊임없는 노력과 열정은 나를 새로운 삶으로 이끌었다. 이러한 경험을 통해 기회가 찾아왔을 때 그 기회를 잡는 것의 중요성을 깨달았다.

아나운서로서 좋아하는 일을 계속하며 성장하기 위해, 꾸준히 그 길을 걷기 시작했다. 첫 발걸음은 떨리고 두려웠지만, 그것이 내 인생의 전환점이 될 줄은 몰랐다. 그날의 결정이 가져온 변화는 직업적인 성공뿐만 아니라, 자신감을 갖고 말할 수 있는 용기와 내 안의 잠재력을 발견하는 계기가 되었다. 이제 더 이상 두려움에 맞서 싸우지 않고, 두려움을 넘어서는 법을 배웠다.

아나운서로서의 경험은 준비의 중요성, 순발력, 그리고 자신감을 가르쳐주었다. 매 순간을 최선을 다해 준비하며, 그 준비는 나를 더욱 단단하게 만들었다. 더 이상 기회가 오기만을 기다리지 않고, 기회를 만들어내기 위해 노력했고, 그 노력은 나를 다양한 무대로 이끌었다.

용기 있는 생각의 힘에 대한 연구는 다양한 분야에서 이루어져 왔다. 예를 들어, 제임스 앨런의 저서 "위대한 생각의 힘"에서는 생각이 우리의 인격과 상황에 미치는 영향을 탐구한다. 순결한 생각이 평안과 평화로운 상황을 만들고, 용기 있고 결단력 있는 생각이 풍요롭고 자유로운 상황을 만든다고 주장한다.

이러한 연구는 생각의 힘이 우리의 인격, 상황, 심지어 건강에까지 영향을 미칠 수 있음을 보여준다. 용기 있는 생각은 우리가 삶의 어려움과 도전에 맞서 싸우고, 실패와 좌절을 극복하며, 결국 성공으로 이끄는 원동력이 된다. 그렇기 때문에 우리는 용기 있는 생각을 품고 살아가야 하며, 모든 기회에 대해 열린 마음을 가지고 준비되어 있어야 한다. 용기 있는 생각이야말로 우리가 진정으로 원하는 삶을 살아가는 데 필요한 가장 강력한 힘이다.

이 모든 경험을 통해 나는 할 수 있는 일의 범위를 넓혔고, 더 이상 한계를 두지 않게 되었다. 새로운 도전을 받아들이며, 그 과정에서 계속해서 발전해 왔다. 교육원에서 아나운서를 준비하는 사람들과 중고등학교에서 직업특강을 통해 학생들에게 아나운서라는 꿈을 심어 주고 있다. 이제는 무대 뒤에서만 지켜보는 사람이 아니라, 무대 위에서 빛나는 주인공이 되었다.

미래를 잠식하는 불안을 떨쳐내라!

고등학교 시절의 불안을 극복하고,
대학 강연 강사로 강단에 서다

~~ **7** ~~

📢 불확실한 미래를 헤쳐나가는 방법

고등학교 시절, 불안과 걱정이 내 마음을 어둡게 했다. 미래에 대한 불확실성은 나를 불안하게 만들었고, 친구들이 자신의 꿈을 향해 달려가는 것을 보며 부러움을 느꼈다. 나만의 꿈을 찾지 못하고, 단지 서울에 있는 대학교를 가는 것만이 내 목표였다. 하루종일 학교에서 공부를 하면서도, 직업에 대한 걱정이 항상 머릿속을 스쳤다. 매일 밤, '나는 무엇을 해야 하는가? 어떤 길을 가야 하는가?'라는 질문에 사로잡혔다.

그러나 고등학교 3학년이 되었을 때, 변화가 찾아왔다. 룸메이트의 조언이 내 인생을 바꾸었다.

"인생이 예측 가능한 것만으로 이루어진다면, 인생은 재미있을까? 불확실성이야말로 우리를 성장하게 하는 힘이라고 생각해."

그녀의 말은 내게 새로운 관점을 제시해 주었다. 나는 불안과 걱정의 무게를 내려놓고, 나에게 맞는 직업을 찾아 공부에 집중하기 시작했다.

수능을 마친 후, 나는 스스로에게 질문했다. '정말 나는 무엇을 하고 싶은가?' 그때, 학교에서 승무원 특강이 있었다. 나의 신뢰성 있는 목소리를 잘 살릴 수 있고 근무하면서 여행을 즐길 수 있는 장점이 있는 승무원이라는 꿈을 키웠다. 승무원 특강 후, 나는 승무원학원을 알아보고 상담을 받으며 부모님을 설득했다. 정시면접이 한 달 뒤에 있었기에 정시에 떨어질 두려움이 있었지만, 열정을 다해 새벽부터 밤 12시까지 기차를 타고 다니며 면접을 준비했다. 매일 새벽에는 수영장으로, 수업이 끝난 후에는 역까지 데리러와주신 아버지의 사랑도 있었다.

불안과 걱정을 관리하기 위해 여섯 가지 방법을 실천했다. 이 방법들은 내 일상에 균형과 평온함을 가져다 주었고, 정신 건강에 긍정적인 영향을 미쳤다.

- **명상 기법** : 매일 아침 명상을 통해 하루를 시작했다. 이 시간은 편안함을 가져다 주며, 불안한 생각들을 사라지게 했다.
- **운동** : 매일 새벽 수영장을 찾았다. 물속에서의 운동은 에

너지를 주고, 불안감을 줄여주었다.
- **규칙적인 식사와 충분한 수면** : 건강한 식습관과 충분한 휴식은 신체적, 정신적 건강에 필수적이다.
- **자연과의 교감** : 주말마다 자연을 찾아 산을 오르거나 숲을 거닐며 스트레스를 해소하고 마음을 진정시켰다.
- **취미** : 저녁에는 댄스를 취미로 삼아 시간을 보냈다. 음악에 맞춰 몸을 움직이는 것은 큰 기쁨이며, 일상의 스트레스로부터 벗어나게 해주었다.
- **감사 일기 쓰기** : 매일 저녁 감사 일기를 작성했다. 이것은 생각과 감정을 정리하는 시간이며, 하루 동안 겪은 일들을 되돌아보고 반성하는 기회를 가졌다.

이 여섯 가지 방법은 나에게 큰 도움이 되었고, 불안과 걱정을 더 잘 관리할 수 있게 되었다. 때때로 불안과 걱정이 나를 압도하기도 하지만, 이제 나는 그것들을 통제할 수 있는 도구를 갖고 있다. 이러한 실천을 통해 나는 더 강해지고, 불안과 걱정이 나를 지배하지 않도록 하는 방법을 배웠다.

중요한 목표에만 집중하려면, 불안과 걱정은 내려놓아야 한다

짧은 시간 동안 꿈을 이루기 위한 과정은 결코 쉽지 않았지만,

그 과정에서 얻은 교훈은 나를 더욱 강하고 지혜롭게 만들었다. 이것이 바로 인생의 진정한 아름다움이며, 추구해야 할 가치라고 나는 믿는다. 이러한 경험을 통해 나는 도전과 기회를 맞이하고, 진정으로 원하는 것이 무엇인지 깨달았다. 그 결과, 나는 항공 스튜어디스학과에 36대 1이라는 경쟁률을 뚫고, 장학생으로 선발되는 영광을 얻었다.

생각이 현실을 만들어낸다는 것을 깨닫고, 긍정적인 생각이 긍정적인 결과를 낳는다는 것을 알게 되었다. 진정한 힘은 불안과 걱정을 피하는 것이 아니라, 그것들을 받아들이고 그럼에도 불구하고 전진하는 데 있다. 고등학교 시절, 미래에 대한 불확실성 때문에 두려움이 있었지만, 그 두려움이 나를 더욱 강하게 만들었다.

매년 새로운 목표를 세우며, 두려움이 있어도 '원하는 대로 이뤄지면 인생은 재미없을 거야'라는 생각으로 매일을 웃음과 감사함으로 시작한다. 불안함을 극복하면 어떤 어려움이 닥쳐도 올바른 방향으로 나를 인도한다.

현재 나는 이러한 경험을 통해, 다른 사람들에게도 같은 교훈을 전달하고 있다. 매학기마다 인하대학교 초빙특강 강사로 '인생을 어떻게 하면 잘 살 수 있을까?'라는 주제 등으로 불안과 걱정을 이겨내고 자신의 꿈을 찾는 방법에 대해 강연을 하고 있다.

불안과 걱정은 우리의 정신적, 신체적 건강에 깊은 영향을 미치는 감정이다. 연구에 따르면, 불안은 위장 문제, 통증, 식욕 변화와 같은 신체적 증상을 유발할 수 있으며, 이는 스트레스 호르몬인 코르티솔의 증가와 세로토닌 및 도파민과 같은 신경 전달 물질의 감소로 이어질 수 있다. 이러한 호르몬 및 신경 전달 물질의 변화는 기분 장애, 우울증, 기억력 및 집중력 장애를 포함한 다양한 정신 건강 문제를 초래할 수 있다.

사회적 재난 상황, 예를 들어 코로나19 대유행과 같은 경우, 불안과 걱정이 더욱 심화될 수 있다. 한 연구에서는 코로나19 대유행이 한국에서 시작된 지 1년이 지난 후, 대상자의 53.3%가 불안을, 35.7%가 우울증을 경험했으며, 이는 2019년 정부에서 발표한 수치보다 약 6배 높은 것으로 나타났다. 이 연구는 정서적 공감이 위험지각에 영향을 미치고, 인지적 공감이 간접적 외상에 영향을 미치며, 이 두 가지 모두 불안에 영향을 주고, 불안은 다시 우울증에 영향을 미치는 것으로 나타났다. 이는 불안과 걱정이 개인의 심리적 상태뿐만 아니라, 사회적 재난 상황에서 집단적 우울 현상을 이해하는 데 중요한 역할을 한다는 것을 보여준다.

불안과 걱정을 극복하고, 마음의 평화를 찾는 것이 중요하다. 불안함을 극복하면 어떤 어려움이 닥쳐도 우리를 올바른 방향으로 이끌 수 있다. 이러한 교훈은 나뿐만 아니라 많은 사람들에게도 적용될 수 있으며, 우리 모두가 불안과 걱정을 극복하고 행복한 삶을 살 수 있도록 도와줄 것이다.

긍정의 힘은 꿈을 실현하는 최고의 무기

꿈을 이루기는 고통스럽지만, 누구나 가능한 일이다

8

🔊 장거리 출퇴근을 이겨내며 꿈을 향한 첫걸음

우리의 삶은 다양한 꿈과 목표가 있다. 그러나 그 꿈들을 실현하기 위해서는 때때로 큰 어려움과 희생이 따른다. 때로는 그 어려움 앞에서 포기하고 싶은 마음이 들기도 하지만, 그렇게 한다면 우리가 원하는 삶을 살 수 없게 된다. 어떤 상황에서도 긍정적인 생각을 유지하고, 자신감을 가지며, 계획을 세우고 실행에 옮기면, 결국 꿈과 목표를 이룰 수 있다.

초등학교 시절, 컴퓨터가 미래에 없어서는 안 될 중요한 역할을 할 것이라는 아버지의 조언을 듣고, 장기간 컴퓨터 학원에 다니며 ITQ 한글, ITQ 파워포인트, ITQ 엑셀, 홈페이지 만들기 등 다수의 컴퓨터 자격증을 취득했다. 대학교 시절, ITQ 3개의 자격증이 있으면 ICDL이라는 국제컴퓨터 자격증을 시험 볼 수 있는 자격이 주어진다는 소식을 접하게 되어, 국제컴퓨터 자격증을 취득했다. 이 자격증은 시간이 지나보니, 새로운 인생을 만들어 준 선물 같았다.

학업과 근무를 병행하던 중, 불규칙한 스케줄과 새벽 탑승은 몸을 지치게 했고, 학위를 취득하는 것이 체력적으로 버거웠다. 그래서 일과 공부를 병행할 수 있는 새로운 직업을 찾기 시작했다. 내가 가장 잘할 수 있는 직업과 장기적으로 근무할 수 있는 직업을 고민하며, 내가 취득한 자격증을 활용할 수 있는 직업을 찾아보았다. 그 과정에서 초등학교에서 컴퓨터 과목을 가르치는 선생님이 되는 것을 목표로 삼게 되었다. 컴퓨터 선생님이 되기 위해 장거리 출퇴근을 하며 3개월간의 경력을 쌓는 등 많은 어려움을 극복했다.

나는 컴퓨터 전공도 아니었고, 컴퓨터 교육 경력도 없었기 때문에 서울뿐만 아니라 경기도에 있는 10곳의 채용에 지원했고, 그 중 경기도에 있는 한 곳에서 합격했다. 서울에 살고 있었기 때문에, 집에서 학교까지 왕복 6시간이 걸렸고, 버스와 지하철을 포함해 4번이나 환승해야 했다. 그런 먼 거리를 매일 왕복할 수 있을지 걱정이 되었고, 차멀미로 인해 그만두고 싶은 생각도 들었다. 하지만 내 목표를 포기하고 싶지 않았고, 원하는 일을 하기 위해서는 어떤 어려움도 극복할 수 있다고 믿었다.

미래를 대비하는 마음가짐 : 새로운 기술과 산업에 적응하는 방법

그 경력 덕분에, 서울에 있는 사립초등학교에서 1~6교시까지 전교생들에게 컴퓨터 수업을 가르치는 선생님으로 근무할 수 있었다. 3개월 동안 왕복 6시간이라는 교육을 이수하기 위해, 씽킹 파워를 갖추려고 노력했다.

첫째, 매일 출퇴근 길마다 유튜브에서 '성장 마인드'를 검색하여, 먼 거리도 움직이게 하는 에너지를 얻기 위해 강의에서 들은 마인드의 중요성과 목표 달성 방법을 반복해서 들었다.

둘째, 목표를 기록하여 시각적으로 체크하고, 성취감을 느끼기 위해 노력했다. 목표를 달성하기 위한 구체적인 계획을 세우고, 그 계획을 일정표나 달력에 적어두었으며, 매일 그 계획을 수행하고, 완료한 것은 동그라미로 표시하면서 목표가 점점 가까워지는 것을 볼 수 있었다. 하나씩 동그라미로 표시하며, 작은 성공을 반복하면서 보람을 느낄 수 있었다.

셋째, 목표를 달성하기 위해 필요한 지식과 기술을 습득하고, 실력을 향상시키기 위해 노력했다. 컴퓨터 교육에 대해 배우고 싶었지만, 혼자서는 한계가 있었기에 컴퓨터 교육과 관련된 책, 유튜브 등을 읽고, 듣고 따라했다. 또한, 컴퓨터 교육 분야에서 10년 이상 근무한 선생님께 연락을 하여 도움을 요청했고, 컴퓨터 교육과 관련된 강의, 워크숍 등에 참여하면서 컴퓨터 교육의 최신 코딩 기술과 트렌드를 파악하고, 다양한 교육 방법과 도구를 배울 수 있었다.

이렇게 긍정의 힘을 발휘하며 사립초등학교에 컴퓨터선생님으로 근무하며, 1교시부터 6교시까지 전교생을 가르치고 성적표 작성 등의 업무도 수행했다. 퇴근 후에는 새터민 학생들을 위해 컴퓨터수업을 가르치는 봉사활동도 했다. 현재는 이러한 경험을 바탕으로 교육공학과 박사과정에서 스마트러닝 등을 연구하고 있다. 이 경험을 통해 마인드가 바뀌면 먼 거리도 움직이게 하는 에너지를 가지고 도전할 수 있으며, 목표를 이룰 수 있다는 교훈을 얻게 되었다.

장거리 출퇴근과 같은 어려움을 겪으면서도, 나는 내 꿈을 향해 나아갈 수 있는 힘을 얻었다. 우리 모두는 각자의 길을 걷고 있으며, 그 길은 때로는 험난할 수 있다. 하지만 우리가 꿈을 향해 나아가는 한, 그 어떤 어려움도 극복할 수 있다는 것을 나는 믿는다.

얼마 전, 대학 동기들과 오랜만에 만남을 가졌다. 우리는 각자의 삶과 직업에 대해 이야기를 나누었다. 친구들은 현재의 일자리 부족과 미래에 대한 불안감을 토로했다. 우리는 다가올 시대의 변화와 기회에 대해 논의했다. 인공지능, 빅데이터, 가상현실, 드론, 로봇과 같은 기술들이 어떻게 새로운 직업을 창출하고, 우리의 사회와 문화를 새롭게 만들어가고 있는지에 대해 이야기했다.

이러한 변화에 적응하고 새로운 일자리를 찾기 위해서는, 단순히 기술적인 지식을 넘어서는 '긍정의 힘'이 필요하다. 긍정의 힘은 단순히 긍정적인 마인드를 가지는 것을 넘어, 변화를 받아들이고, 새로운 것을 배우며, 끊임없이 도전하는 힘이다. 이직을 준비하던 당시, '나는 할 수 있다, 내가 원하는 것을 이룰 수 있다, 내가 원하는 인생을 만들 수 있다'는 생각을 가슴 깊이 새겼다. 그리고 그 생각은 내 삶의 모든 영역에서 씽킹파워로 변모했다.

긍정의 힘은 내가 꿈꾸는 인생을 만들기 위한 가장 강력한 도구였다. 그것은 내가 매일 아침 일어나 새로운 날을 맞이할 수 있는 원동력이 되었고, 어려움을 겪을 때마다 나를 다시 일으켜 세웠다. 씽킹파워는 단순한 개념이 아니라, 우리 모두가 삶에서 직면하는 도전과 변화에 맞서 싸울 수 있는 실질적인 무기다.

사랑과 나눔의 기회, 봉사

삶의 진정한 의미이자,
우리가 사는 이유

9

새터민들과의 교류에서 깨달은 삶의 진정한 가치

석사 졸업 시험을 준비하던 당시, 연구원 일과 4과목의 졸업 시험 공부를 병행했다. 그 중 한 과목이 특히 걱정되었는데, 첫 학기에 배웠던 내용과 달리, 다른 교수님이 출제한 시험은 처음 보는 내용이었다. 바쁜 연구원 생활 속에서도 최선을 다했지만, 결국 졸업시험에서 떨어져 많이 울었다. 동기들은 모두 합격해 졸업 준비를 했지만, 나 혼자 불합격한 것을 생각하며 '내 인생은 왜 이럴까? 나는 왜 살고 있지?'라는 생각에 스스로를 원망하기 시작했다.

그러나 힘든 시기에 '이제 만나러 갑니다'라는 프로그램을 유튜브로 시청하며 위안을 찾았다. 이 프로그램은 탈북 후 여러 번의 위기를 넘기고 대한민국에 정착한 사람들의 사연을 다룬다. 그들의 강인한 마음가짐을 보며, 나약했던 내 자신에 대해서 반성하게 되었다.

이러한 반성을 바탕으로, 나는 새터민을 위한 봉사 활동에 참여하기로 결심했다. 새일아카데미에 연락해 내가 도움을 줄 수 있는 봉사가 있는지 문의했다. 새일아카데미는 2014년 통일부 인가를 받은 새터민의 학업지원 단체로, 한국사회 정착에 필요한 다양한 프로그램을 실시해 새터민의 사회적응을 도와주고 있다. 선생님께서는 내 경력사항을 보시고, 국제 컴퓨터 자격증을 활용해 그들이 취업에 필요한 컴퓨터 자격증을 취득할 수 있도록 도와주는 봉사 활동을 해줄 수 있는지 여쭤보셨다. 나는 긍정적으로 답했다.

내가 공부하는 이유 중 하나는 새터민들에게 봉사하면서, 나 하나로 인해 그 사람들이 취업을 하고 새로운 인생을 살아가는 모습을 보면서 삶의 의미를 발견했기 때문이다. 새터민들과의 만남을 통해 발견한 삶의 진정한 가치에 대해 다시 한번 생각해보게 되었다.

천사 같은 아기가 준 인생의 교훈

예전에는 혼자서 봉사활동을 다녔다. 이제는 가족 모두가 매달 한 번씩 구미에서 한 시간 거리에 있는 보육원을 방문한다.

재작년부터 그 천사 같은 아이를 만나면서부터 우리 가족은 더욱 화목해지고 삶의 보람을 느끼게 되었다. 어머니는 안구건조증으로 고생하셔서 직장을 그만두셨지만, 집에 혼자 계시는 모습이 우울해 보여서 어머니께 새로운 일자리를 찾아드리기로 마음먹었다. 어머니는 평소 아기를 좋아하시고, 과거에 이웃집 아기를 돌보신 경험이 있어서, 베이비시터 홈페이지에 등록해드렸다.

　한 달 후, 태어난 지 3개월 된 아기를 돌봐줄 수 있는지 물어보는 전화를 받았다. 어머니께 말씀드렸더니 기뻐하셨고, 그렇게 아기의 부모님은 어머니에게 아기를 맡기게 되었다. 그러나 아기의 조부모님이 돌아가셔서 어머니가 그 집에 갈 수 없게 되자, 아기는 우리 집에서 돌보게 되었다. 시간이 흘러 아기의 부모님은 출장을 가는 일이 잦아졌고, 아기를 맡기는 시간은 8개월로 길어졌다. 사회복지센터에서는 부모님이 헤어지게 되어 아기를 보육원으로 보내야 한다고 했다. 아버지께서는 우리 가족이 이 천사 같은 아기를 입양하는 것에 대해 가족들의 의견을 물어보셨다. 할아버지는 목회를 하시다가 뇌졸중으로 돌아가셨기 때문에, 아버지는 아기에게 부모의 사랑을 주고 싶어하셨다.

　우리 가족은 이 아기를 입양하기 위해 노력했지만, 입양처와의 연락 끝에 부모님의 나이와 자격요건 때문에 입양이 어렵다는 결론에 이르렀다. 결국 우리 가족은 아기를 매달 후원하고, 한 달에 한 번씩 보육원을 방문하며, 가족이 되어주기로 했다. 아기가 태어난 지 11개월이 되던 해, 우리 가족은 미리 돌잔치를 준비했다. 케이크를 사고, 아기가 태어난 지 3개월부터 11개월까지 우리 가족과 함께한 시간을 앨범으로 만들어 아기에게 선물했다.

어린이날에는 아기의 부모님이 함께하지 못했기에, 우리 가족은 아기를 동물원과 체육관에서 열리는 행사에 데려갔다. 여름휴가에는 포항의 펜션을 잡아 아기에게 처음으로 바다를 보여주었다. 아기가 보육원으로 가는 날, 어머니는 아기의 머리를 양갈래로 예쁘게 묶어주고 예쁜 원피스를 입혔다. 가족 영상통화를 하며 우리 모두가 눈물을 흘렸다. 어머니는 아기가 좋아하는 간식을 챙겨주시며 "할머니가 많이 사랑해"라고 말씀하셨다.

남동생은 어머니가 힘들어하지 않도록 연차를 내고 어머니 곁에서 아기를 돌봐주었다. 아기는 보육원으로 가는 차에 타자마자 어머니와 남동생에게 떨어지기 싫어 울었다. 우리 가족은 아기와 다시 만날 수 있는 날이 되자 그 천사 같은 아기와 보육원 아이들에게 줄 간식과 예쁜 옷 등 선물을 사서 보육원에서 시간을 보냈다. 또한 특별한 날에는 보육원 친구들에게 선물을 해주고 싶어서 주변 친구들과 후원금을 모아 아이들에게 사랑을 나눠주었다.

후원한 친구들이 선물 사진과 후원물품 영수증을 받고 "언니 삶이 너무 보람되다"고 말했다. 내가 내 삶의 이유에 대해 생각할 때, 배우고 열심히 일하여 돈을 벌어 도움이 필요한 이들에게 행복한 사랑을 나눠주는 것이 아닐까 생각한다.

나는 진정한 봉사를 하는 방법에 대해서 배우고 싶어서, 작년부터 한양대 대학원에서 필란트로피 강의를 듣고 있다. 안동근 교수님께서는 "진정으로 자신을 사랑하는 사람만이 다른 이들을 위해 봉사할 수 있다"고 말씀하셨다. 이는 내가 상대적으로 행복함을 인식하고, 그것이 바로 자기애를 가능하게 하는 것임을 깨닫게 해준다. 남과의 비교와 상대적 우위를 차지하려는 경쟁은 나를 더욱 자기애 부족으로 몰아가지만, 봉사는 나에게 상대적 행복을 느끼게 하고, 자기애를 실현할 수 있는 길을 열어준다. 이러한 교훈은 내가 타인을 위해 봉사할 때 더욱 분명해진다.

우리는 각자의 삶 속에서 의미를 찾고, 사랑을 나누며 서로에게 힘이 되어준다. 우리가 사는 이유는 바로 이런 순간들에 있지 않을까? 서로를 위해 존재하며, 더 나은 내일을 위해 함께 걸어가는 것. 그것이 바로 삶의 진정한 의미이자, 우리가 사는 이유가 아닐까?

가족의 사랑과 지지는 내 인생의 버팀목

역경 속에서도 더욱 빛나는
희생과 헌신

~~ 10 ~~

가족, 인생의 항해에서 나침반 되다

따르릉! 따르릉! 전화 한 통이 울렸다. 어머니의 얼굴은 창백해지셨다. IMF로 인해, 아버지께서 다니시던 오리온전기라는 회사가 무너졌다는 소식이었다. 아버지께서는 거실에 불을 다 꺼놓고 "내가 죽어야지. 죽어야지"라는 말씀을 하시면서 소주를 마시고 계셨다. 그런 아버지의 모습을 처음 본 우리 삼남매는 무서워서 방에서 거실 밖으로 나오지 못했다. 어머니께서 집에 들어오시더니, 아버지를 안아주시면서 "괜찮아. 나도 같이 돈 벌면 되니까 우리 같이 이겨내보자"라고 말씀하셨다. 그런 어머니의 모습을 보고 어린 나도 눈물이 났다.

새벽이 밝기도 전에, 아버지는 막노동을 위해 얼음물과 수건을 챙겨 나가셨다. 어머니는 우리 삼남매를 돌봐야 했고, 일자리를 찾아야만 했다. 윗집 아기를 돌보는 베이비시터 일을 시작하셨고, 고무 뜯는 부업도 병행하셨다. 고무 뜯기는 한 개당 5원이었고, 우리 가족은 방 하나를 부업장으로 정해, 밤마다 모여 고무를 뜯었다. 부모님의 손톱은 항상 검었고, 손에는 상처가 많았다. 이렇게 우리 가족은 함께 힘든 시간을 보내며 서로를 지탱해 주었다.

아버지는 새벽부터 저녁까지 막노동을 하시고, 어머니는 아기 돌보기와 고무 뜯기로 바쁜 나날을 보내셨다. 우리 삼남매는 학교에서 돌아오면 숙제를 하고, 저녁에는 부모님을 도와 고무 뜯는 일에 참여했다. 그 작은 고무 한 조각이 우리 가족에게는 큰 의미가 있었다. 그것은 우리가 함께 노력하며 어려움을 극복해나가는 상징이었다.

철없던 우리는 학교에 갔다 오면 "엄마~, 친구가 도너츠 먹었대. 나도 먹고 싶어"라고 부모님께 말했다. 지금 생각해보면, 사주지 못했던 부모님의 마음이 얼마나 찢어졌을지 죄송하다. 부모님은 웃으시면서 "엄마가 주말에 더 맛있게 만들어줄게"라고 하시며, 핫케이크 가루를 사오셨다. 어머니는 반죽을 하시고, 아버지께서는 병뚜껑으로 구멍을 뚫어서 도너츠처럼 만들어주셨다. 나는 어린 시절을 떠올려보면 특별한 날 외에는 자장면을 먹어본 적이 없지만, 어머니께서 만들어주신 감동의 자장면은 있었다. "엄마, 친구가 자장면 먹었다는데 나도 먹고 싶어"라고 하면, 어머니는 항상 웃으시며 "그래~, 엄마가 파는 거랑 똑같이 만들어줄게"라고 하시면서 짜파게티를 사오셔서, 그 위에 오이와 계란을 얹어주셨다.

생일날, 친구들이 롯데리아에서 파티를 하고, 학교로 부모님들이 햄버거와 음료수를 보낼 때마다 나는 그런 친구들이 부러웠다. 내 생일에는 미역국과 초코파이로 만든 케이크, 그리고 어머니께서 요리해주신 한 가지 반찬이었다. 친구들처럼 선물을 받지는 못했지만, 우리 집 형편에는 어머니께서 신경을 많이 쓰신 거였다. 지금 나이가 들어 보니, 자식에게 해주지 못했던 마음이 얼마나 찢어졌을지 생각이 든다.

시간이 지나고 보니 나는 정말 철없는 딸이었다. 학교에서 부모님의 직업을 적으라는 칸이 있을 때마다, 친구들이 너희 부모님은 어떤 일 하냐고 물어볼 때마다 나는 부모님이 너무 미웠다. 특히 한여름날, 붉어진 얼굴에 땀냄새를 풍기며 집에 들어온 아버지께 땀냄새 난다고 짜증냈던 그 모습을 생각하면 지금도 눈물이 난다.

어려움을 함께한 가족, 삶을 이끄는 힘

대학생이 되기 전까지 나는 가족과 함께 놀이동산이나 해외여행을 가본 적이 없었다. 대신 가족과 함께 주말마다 도서관을 찾아 소중한 추억을 쌓았다. 아버지는 일과 공부를 병행하시며 기술직 자격증을 취득하고 외국계 회사에 취업하셨다.

어머니는 결혼 전에는 은행원으로 근무하셨다. 결혼 후 집안 사정이 어려워지면서 어린 삼남매를 위해 집에서 부업을 하셨고, 우리가 중학교에 진학할 무렵부터는 공장에서 3교대 근무를 시작하셨다. 이런 부모님의 헌신적인 모습을 본받아 우리 삼남매는 스무 살이 되면서 학비를 부모님께 받지 않기로 결심했다. 나는 대학교에서 장학금을 받을 수 있도록 항상 수업 맨 앞자리에 앉아 열심히 공부했고, 점심시간에는 직접 싸온 샐러드를 먹으며 취업을 위한 자격증 준비에 몰두했다. 주말에는 호텔 프런트에서 일하며 공부를 계속하고 용돈을 벌었다. 그 결과, 학사부터 박사 과정까지 학비를 스스로 마련하며 학업을 이어갈 수 있었다.

여동생은 학자금 대출을 받아 전문직으로 근무하면서 학비를 갚아왔으며, 올해 11월에 사랑하는 동반자를 만나 결혼한다. 남동생은 경북대학교를 전액 장학금으로 졸업하고, 대학교 졸업도 하기 전에 공무원 시험에 합격했다. 현재는 아버지의 성실한 성격을 이어받아, 근무도 열심히 하고, 시청 유튜브 등에 출연하며 공무원 직업의 가치를 널리 알리는 등 열정적으로 살아가고 있다.

어머니의 깊은 사랑과 가족의 든든한 지지가 없었다면, 아버지는 가장으로서의 중압감을 이겨내지 못했을 것이다. 우리 가족은 매일 아침 "우리 가족 사랑합니다! 오늘도 화이팅합시다!"

라는 말로 하루를 시작한다. 부모님의 성실한 삶을 본받아 나 또한 다양한 분야에서 공부하고 성장할 수 있었다. 한 사람이 여러 역할을 수행할 수 있다는 것을 부모님을 통해 배웠고, 그것이 내 인생의 원동력이 되었다. 가족은 나에게 지금도 가장 큰 힘이며, 사랑하는 가족과 함께할 수 있다는 것이 내 삶의 가장 큰 행복이다.

가족은 내 삶의 기반이자, 힘든 시기에 서로를 의지하는 든든한 버팀목이다. 내 가족의 사랑과 지지는 내가 겪는 모든 시련을 이겨내는 데 없어서는 안 될 요소이며, 그 사랑은 말로 표현되지 않아도 내 행동과 희생을 통해 느껴진다. 가족은 내가 세상에서 가장 소중한 것을 배우는 곳이며, 그곳에서 나는 사랑, 책임감, 그리고 서로를 위한 헌신을 배웠다.

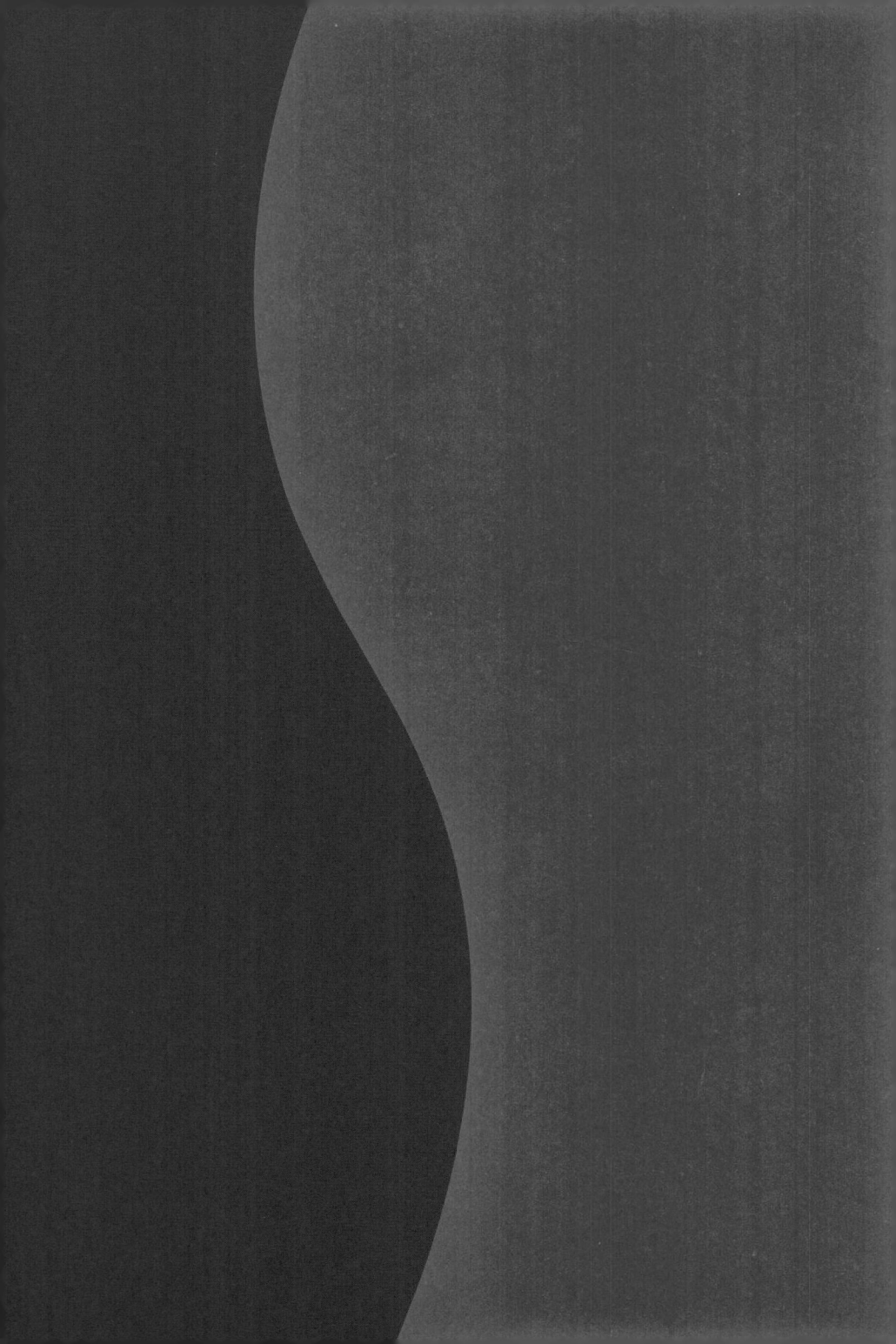

Chapter.2

목표 달성을 위한
씽킹파워 4.0 실행법
: Challenge & Output

24시간이 부족하면, 48시간도 부족하다!

스스로 삶을 결정할 수 있는
시간 관리 노하우

1

🚀 지나간 시간을 후회하지 말자. 삶의 의미를 깨닫는 시간 관리

매년 1월 1일이 되면 새 다이어리를 사지만, 실제로 달성한 목표는 10%에 불과했다. 시간을 없다고 느낀 이유를 돌이켜보면, 학교 공부, 회사 일, 친구들과의 시간, 취미생활 등 하고 싶은 것은 많았지만, 하루 24시간은 너무나 짧게만 느껴졌다. 그래서 가장 하기 싫은 운동을 포기하기로 했다. 헬스장에서 땀을 흘리고, 숨을 헐떡이며, 근육통을 겪는 것보다는 다른 일을 하는 게 낫다고 생각했다. 결국 헬스장 회원권을 끊어놓고도 거의 가지 않았다.

시간이 부족하다고 느끼면서도 효율적으로 사용하지 못했다. 시간을 관리하는 방법을 몰랐고, 삶을 체계화하는 법도 배우지 못했다. 소중한 시간을 낭비하고 있었다.

그러던 중, 지도교수님의 수업에서 '시간 관리'라는 주제로 강의를 듣게 되었다. 수업 중 박진영 가수의 이야기를 접하며 내 삶을 되돌아보게 되었다. 그는 50세가 넘은 나이에도 단독 콘서트를 할 수 있는 이유가 철저한 자기 관리 덕분이라고 했다. 매일 아침 올리브유 한 잔을 마시고, 주 3회 저녁 식사를 하며, 일주일에 반 이상을 간헐적 단식으로 보내고, 매일 운동을 하는 것. 그리고 가장 하기 싫은 일을 오랫동안 참고 견디는 것이 그의 자기 관리 비결이라고 했다. 그의 영상을 보며 나는 반성했다.

또한 수업시간에 다경이, 도경이, 규연이와 각자의 시간 관리 방법을 공유하면서 배울 점도 많았고, 어떻게 시간 관리를 해야 할지 계획을 세울 수 있었다. 왜 나는 하루 20분도 운동에 할애하지 못했을까? 하기 싫은 것을 피하면서 어떻게 성취를 꿈꿀 수 있었을까? 이런 질문들을 통해 나는 스스로를 돌아보게 되었다.

박진영의 자기관리와 친구들의 자기관리를 본받기로 결심했다. 그러기 위해선 운동부터 시작해야 했다. 혼자서는 힘들었기에 친구 인향이에게 내기를 제안하며, 함께하기로 했다. 하루에 20분씩 런닝머신 인증샷을 보내고, 운동을 하지 못하는 날에는 만원의 벌금을 내기로 했다. 친구도 이 제안에 긍정적이었다. 그래서 우리는 내기를 시작했다.

처음엔 힘들었다. 런닝머신 위에서 숨이 차고, 다리가 저려오고, 심장이 터질 것 같았다. 하지만 친구와 함께하니 즐거웠다. 서로를 격려하고, 응원하며, 때로는 경쟁하면서 운동을 했다. 그러다 보니 운동이 점점 재미있어지며, 습관이 되었다. 친구와 내기를 시작한 지 한 달 후, 약 5kg을 감량할 수 있었고, 수면에도 큰 도움이 되었다. 우리는 운동을 통해 자신감과 건강을 되찾았다.

하지만 운동만으로는 부족했다. 시간 관리를 더 잘하고 싶었다. 그래서 수업에서 배운 시간 관리 방법을 적용하기로 했다. 하루 일과를 시작하기 전에 우선순위를 정하고, 할 일 목록을 작성했다. 중요한 업무부터 마치고, 휴식 시간도 정했다. 일부 업무는 항상 곁에 두고, 자투리 시간을 활용했다. 주말에도 일하기도 했지만, 너무 과하지 않게, 내일 수행해도 될 업무를 파악하고, 수면 시간을 최대한 지켰다.

시간 관리로 삶을 통제하는 능력을 갖추다

24시간을 효율적으로 관리함으로써, 나는 여섯 가지 놀라운 장점을 얻었다.

첫째, 시간 관리는 내 삶을 스스로 결정하고 통제할 수 있는 능력을 부여했다. 목표를 설정하고, 가능한 일과 그렇지 않은 일을 구분하며, 우선순위를 정해 적절한 시간을 할당했다. 일일 계획표를 작성해 내가 통제할 수 있는 것에 집중하고, 그렇지 않은 것에는 신경 쓰지 않았다. 특히, 내 강점과 취미를 파악하여 이를 발전시키기 위해 노력했다.

둘째, 시간 관리는 새로운 지식과 기술을 습득하고 즐길 수 있는 능력을 제공했다. 다양한 학습 자료와 온라인 코스를 활용해 학습했으며, 학습의 목적과 방향을 명확히 하고, 학습 효과를 평가하여 결과를 적용했다. 이를 통해 내가 모르는 것을 알고, 잘못 알고 있는 것을 바로잡으며, 알고 있는 것을 더 깊이 이해할 수 있었다.

셋째, 시간 관리는 새로운 아이디어와 해결책을 생각하고 구현하는 능력을 강화했다. 시간 낭비를 줄이고, 창의적 사고를 위한 시간을 확보해, 시간을 효과적으로 활용했다. 시간 제한을 두어 자신감과 도전정신을 키우고, 시간 관리 앱을 사용해 꼼꼼하고 완성도 높은 작업을 수행했다. 이를 통해 내 재능과 잠재력을 최대한 발휘할 수 있었다.

넷째, 시간 관리는 내가 원하는 일을 하고, 가고 싶은 곳에 가며, 만나고 싶은 사람들과 만날 수 있는 기회를 제공했다. 시간을 계획하여 제약이 아닌 기회로 바라보고, 내가 원하는 대로 시간을 사용했다. 시간 관리 덕분에 여행을 하고, 다양한 문화와 사람들을 경험하며, 좋아하는 취미와 활동을 즐길 수 있었다.

다섯째, 시간 관리는 내가 가치 있는 것들을 얻고, 나누고, 즐길 수 있는 능력을 향상시켰다. 시간을 투자해 필요한 것들을 충족시키고, 원하는 것들을 축적하며, 공유하고 싶은 것들을 나눴다. 시간을 통해 감사한 것들을 인식하고, 즐거운 것들을 경험하며, 사랑하는 것들을 보호했다.

여섯째, 시간 관리는 내가 존재하는 이유를 깨닫게 해주었다. 시간을 목적에 맞게 사용해 내가 세상에 미치는 영향을 고민하고, 어떻게 성장하며, 어떻게 존중받을 수 있는지를 이해했다. 시간을 통해 삶에 만족하고, 흥미를 갖고, 자부심을 느낄 수 있었다.

시간 관리는 삶을 바꾸는 놀라운 능력이자, 성장을 이끌어주는 중요한 도구다.

경제적 독립이 진짜 독립이다

겉모습이 아닌
실질적인 재정 목표 달성법

~~~ 2 ~~~

📞 재정적 독립을 향한 목표를 실천하다

많은 이들이 꿈꾸는 20살에, 나는 내 인생에서 가장 중요한 결정을 내렸다. 새벽부터 출근하는 아버지와 3교대로 일하는 어머니를 보며, 재정적 독립을 목표로 세웠다. 대학생활 동안 주말마다 호텔 프런트에서 일하고, 장학금을 받기 위해 열심히 공부했다. 이 모든 노력은 단순한 시작에 불과했지만, 부모님의 손을 빌리지 않고 10년이 넘는 시간 동안 학부에서 박사과정까지 1억 원 이상의 학비와 생활비를 마련했다. 또한, 3번의 세계미인대회 준비비용과 미래를 위한 저축 등 다양한 성과를 이루었다. 이 모든 과정의 중심에는 엑셀이라는 강력한 도구가 있었다.

첫 페이지는 기본적인 수입과 지출 기록으로 시작되었다. 다

다이어리에 적힌 재정 목표는 나의 첫걸음이었다. 하지만 오류가 발생할 때마다 지우개와 수정액으로 지우는 것이 번거롭고, 새 다이어리를 구입하는 것은 또 다른 지출이 되었다. 그때 나는 더 나은 방법이 필요하다는 것을 깨달았다. 그래서 엑셀이라는 새로운 도구를 사용하기 시작했다.

엑셀은 단순한 프로그램이 아니었다. 자동 계산 기능을 넘어, 분류와 계획을 세울 수 있는 유연성을 제공했다. 나는 3년 단위로 학비 계획을 세우고, 장기적인 재정 목표를 설정했다. 매년 12월이 되면, 그 해의 수입과 지출을 정리하고, 다음 해를 위한 계획을 세웠다.

매달, 매주, 매일 예산을 세우고, 지출을 기록하며, 소비 패턴을 반성했다. 지출이 많았던 주에는 현금만을 사용하며 지출을 제한했고, 직접 만든 도시락을 준비해 외식 비용도 절약했다.

엑셀은 그 자체로 강력한 데이터 관리 및 분석 도구였다. 단순한 가계부를 넘어 재정적 꿈을 실현하는 데 있어 가장 중요한 도구가 되었다. 가계부를 통해 내 수입과 지출을 정확하게 기록하고 관리함으로써, 재정 상태를 명확히 파악하고, 불필요한 지출을 줄이며, 저축을 통해 재정 목표를 달성하는 데 큰 도움이 되었다.

재정 관리의 비밀 도구를 찾다

엑셀 가계부의 장점은 총 5가지가 있다.
1. **정확한 기록과 계산** : 엑셀의 수많은 기능을 활용하여 내 수입과 지출을 정확하게 기록하고 계산할 수 있다. 이는 예산 설정과 분석에 큰 도움이 된다.
2. **목표 설정과 추적** : 엑셀에서는 목표를 설정하고 이를 추적할 수 있는 기능을 제공한다. 예를 들어, 연간 저축 목표를 설정하고 이를 월별로 나누어 추적함으로써, 재정 목표 달성을 위한 진행 상황을 명확하게 할 수 있다.
3. **비주얼 데이터 표현** : 차트와 그래프를 이용해 지출 패턴을 시각화함으로써, 재정 관리를 더욱 직관적으로 할 수 있다.
4. **개선점 도출** : 가계부를 정기적으로 검토하면서 지출 패턴에서의 문제점을 발견하고 개선할 수 있다.
5. **접근성과 편의성** : 엑셀 파일은 컴퓨터 뿐만 아니라 태블릿이나 스마트폰에서도 접근이 가능하여, 언제 어디서나 재정 상태를 확인하고 관리할 수 있다.

실제 사례 연구에 따르면, 엑셀 가계부를 사용하는 것은 재정 목표를 조기에 달성하는 데 큰 도움이 된다. 가계부를 통해 저축률을 높이고, 지출을 줄이며, 재정 상태를 개선한 사람들의 이야기도 많이 보고되고 있다.

엑셀 가계부를 통한 재정 관리는 책임감과 꾸준함을 요구한다. 정확한 기록과 분석을 통해 재정 목표를 설정하고, 이를 달성하기 위한 구체적인 계획을 세우는 것이 중요하다. 이러한 과정을 통해 재정적 자유와 안정을 향한 길을 걸을 수 있다. 가계부 관리는 단순히 수입과 지출을 기록하는 것을 넘어서, 재정 상태를 체계적으로 관리하고 개선하는 데 중요한 역할을 한다. 이를 통해 장기적인 재정 계획을 세우고, 미래에 대비할 수 있다.

다음은 엑셀 가계부 관리를 도와줄 추천 앱 세 가지다.
- 편한 가계부 : 카드 문자 자동 입력, 영수증 사진 저장, 달력 화면을 통한 한 달 내역 확인 등의 기능을 제공한다. 신용카드나 체크카드 사용 내역을 자동으로 가계부에 입력하고, 영수증 사진을 저장하여 지출을 쉽게 관리할 수 있다.
- 똑똑 가계부 : 지출과 수입 관리, 카드 등록 시 푸시 알림, 입출금 메시지 자동 입력 등의 편의 기능을 갖추고 있다. 모바일 알림을 통해 실시간으로 지출을 확인하고 관리할 수 있다.
- 뱅크샐러드 : 다양한 금융 계좌를 연동하여 자산 관리를 할 수 있으며, 엑셀로 데이터를 내보내거나 가져올 수 있는 기능을 제공한다. 모든 금융 정보를 한눈에 볼 수 있으며, 엑셀로 데이터를 내보내어 더 깊이 있는 분석을 할 수 있다.

이러한 앱들은 엑셀 가계부와 함께 사용하면 재정 관리를 더욱 효율적으로 할 수 있다. 앱을 통해 가계부를 작성하고, 엑셀로 데이터를 분석하여 재정 상태를 더욱 명확하게 파악할 수 있다. 부자처럼 보이기 위해 애쓰는 것보다, 가계부를 꼼꼼히 관리하며 마음의 여유를 가져보자!

성공적인 인생을 벤치마킹하라

꿈을 현실로 만드는 10분의 투자,
성공한 인생 연구법

3

작은 습관이 인생을 바꾸는 힘

시골에서 자란 나는 여성으로서 미인대회에 참가해보고 싶은 꿈을 꾸었지만, 부모님의 반대와 경제적 어려움이라는 큰 장벽에 부딪혔다. 미인대회 학원에 다닐 여유가 없었기에 혼자서 모든 것을 준비해야 했다. 그 과정은 결코 쉽지 않았지만, 나는 포기하지 않았다. 매일 밤, 자기 전에 성공한 사람들의 강의를 듣는 10분이 나의 성공 비결이 되었다.

처음으로 도전한 지역 미인대회에서의 실패는 나에게 변화의 시작이었다. 부모님의 반대를 이겨내고, 1년간의 치열한 준비 끝에, 제한된 환경 속에서도 포기하지 않는 마음가짐을 내 가장 중요한 무기로 삼았다. 새벽이든 밤이든, 비가 오나 눈이 오나, 매일 3시간씩 집 뒤 공원에서 조깅을 하며 체중을 감량했고, 유튜브를 통해 성공한 사람들의 스토리를 듣고 마인드와 스킬을 배웠다. 대회에 출전한 이들은 대부분 서울과 경기권 출신이었고, 지방 출신은 나 혼자였지만, 간절함과 꾸준한 노력으로 상을 받을 수 있었다.

산이 보이는 집 앞 공원에서, 매일 운동을 마친 후 돌아오는 길에 밤하늘을 바라보며 무대 위에서 빛나는 내 모습을 상상했다. 그 꿈은 멀고 험난했지만, 나의 열정은 모든 장애물을 뛰어넘을 수 있는 힘이었다. 자기 전에는 성공한 사람들의 강의를 들으며, 그들의 경험에서 배운 교훈을 내 삶에 적용했다. 그들의 말 한마디, 생각 하나하나가 나의 삶을 만드는 데 중요한 역할을 했다.

수상 후, 자기 전 10분의 습관이 얼마나 중요한지 깨달았다. 그들의 이야기는 새로운 목표를 향해 나아가는 데 필요한 동기부여가 되었다. 세계 미인대회 한국 대표가 되었을 때, 경제적 어려움과 가족의 반대에도 불구하고, 기자들에게 연락하여 기사를 통해 협찬을 받는 아이디어를 활용했다. 이를 통해 세 벌의 드레스, 궁중 한복, 여러 벌의 원피스까지 협찬을 받아, 세계미인대회에 출전하는 데 도움을 받을 수 있었다. 3년 연속 한국 대표로 출전하여 마지막 대회에서는 왕관을 받았다. 이후 일본과 필리핀 등에서 열리는 세계 미인대회에서 국제 심사위원으로 활동하며 한국을 알리고 있다.

작은 습관 하나가 인생을 변화시키고, 꿈꾸는 목표에 한 걸음 더 다가서게 하는 강력한 힘이 될 수 있다는 것을 나는 몸소 체험했다. 매일 밤 자기 전에 성공한 사람들의 이야기를 듣는 것은 꿈을 현실로 만드는 과정의 일부가 되었다. 이 작은 습관을 시작해보자. 성공한 이들의 강의를 통해 얻은 지식이 삶을 변화시키고, 꿈꾸는 성공을 현실로 만드는 데 큰 도움이 될 것이다.

매일 밤, 나는 자기 전의 10분을 이용하여 몸과 마음을 단련한다. 그 시간은 나에게 성찰의 순간이자, 내일을 위한 준비의 시간이다. 이 시간을 통해 내가 누구인지, 어디로 가고 싶은지를 명확히 한다. 그리고 그 답을 찾는 과정에서 걸어온 길을 돌아보며, 더 강해지고 더 단단해진다. 성공은 결코 우연이 아니라, 꾸준한 노력과 끊임없는 자기계발의 결과라는 것을 알게 되었다. 자기 전의 10분은 단순한 시간이 아니라, 삶을 변화시키는 강력한 도구가 되었다. 그 시간을 통해 하나씩 목표를 이루며 길을 걸을 수 있었고, 꿈꾸는 미래를 하나씩 실현해 나갈 수 있었다. 이 작은 습관을 통해, 인생의 주인공이 되어 꿈을 현실로 만드는 과정을 계속해 나가자.

성공한 사람들의 강의에서 배운 교훈

자기 전 10분을 투자하는 것은, 목표 달성과 장기적인 성공의 기반을 마련하는 데 있어 중요한 역할을 한다. 이 조용한 시간 동안, 나는 내면의 목소리에 귀를 기울이고, 내일을 위한 계획을 세운다. 성공한 사람들의 강의를 듣는 것은, 그들의 경험을 통해 배우고, 그들의 습관과 생각을 내 삶에 적용하는 데 큰 도움이 된다. 실제로, 많은 성공한 이들이 자기 전에 독서나 강의를 통해 지식을 넓히고, 다음 날을 준비하는 습관을 가지고 있다.

세계 미인대회에서 3년 연속 출전하고, 한국 대표로서 최다 타이틀을 보유한 나는, 이러한 성취를 이루기까지 쉽지 않은 과정을 거쳤다. 유튜브에서 성공한 사람들의 강의를 듣고, 그들의 이야기는 내가 더 열정적으로 살지 않았던 것에 대한 깊은 반성을 하게 만들었다. 나도 그들처럼 세계적으로 한국을 빛낼 수 있는 사람이 되고자 하는 꿈을 키웠다. 그날부터 매일 밤, 강의를 찾아보며 자기 전의 소중한 시간을 투자하기 시작했다. 밤마다 강의를 듣고 나면, 마음속에 새로운 힘이 생기고, 다음 날 아침에는 의욕이 넘쳐 눈이 떠진다.

자기 전 단 10분을 투자해 성공한 이들의 강의를 듣는 것은, 목표 달성에 큰 도움이 된다. 이 습관은 지식을 얻는 것을 넘어서, 목표에 대한 확신을 강화하고, 매일을 의미 있게 보낼 수 있는 동기를 부여한다. 이는 일상의 변화를 넘어서, 장기적인 성공으로 이어질 수 있는 기반을 마련한다. 성공한 사람들의 이야기를 듣고 그들의 조언을 적용함으로써, 우리는 그들이 걸어온 길을 따라갈 수 있는 지름길을 발견할 수 있다. 그들의 강의는 이러한 지식을 제공하는 훌륭한 수단이며, 우리를 성공의 길로 한 걸음 더 나아가게 한다.

성공한 사람들의 강의는 단순한 이야기가 아니라, 성장할 수 있는 힘을 길러주며 삶을 변화시키는 강력한 힘을 가지고 있다.

깨어서 꿈꾸면 현실이 된다!

한계를 극복하고 미스코리아와
승무원 목표를 이룬 성공 사례

4

생각의 힘을 키우기 위해 마인드맵을 활용해보자

나에게는 2021년 미스코리아 대전세종충청 진으로 수상한 자매같은 후배가 있다. 그녀는 어릴 적부터 미인 대회에 참가하는 것이 꿈이었다.

그녀는 자신의 꿈을 이루기 위해 노력했지만, 항상 불안한 감정에 시달렸다. 그녀는 자신의 내면을 강화하기 위해 마인드 맵으로 목표와 계획을 세웠다. 그녀는 미스코리아라는 목표를 확실히 하고, 그 목표를 위해 필요한 조건과 준비 사항을 브랜치로 연결했다. 예를 들어, 외모, 자세, 말투, 자기소개, 인성 등을 고려하고, 각각에 대해 어떻게 개선할지 세부적으로 적었다. 그녀는 이후 다양한 분야에서 성공한 사람들의 책과 강의를 찾아보고, 그들의 경험과 조언을 마인드맵에 추가했다. 그녀는 어제보다 나은 자신이 되기 위해 독서와 유튜브 강연 시청 등을 통해 많은 도움을 받았다. 그녀는 결국 미스코리아로 선정되었다. 그녀는 대회에서의 실전 경험을 통해 자신의 중심을 잡고, 부족한 부분을 채워나갔다. 그녀는 대회를 준비하는 과정과 출전해서 동기들과 함께 활동하며 사회생활을 할 수 있었다. 그녀는 그 과정에서 겸손함과 준비성을 갖추며 자신의 성장을 느꼈다. 그녀는 경험의 중요성에 대해 다시금 깨닫고, 내면이 단단해짐을 느꼈다.

그녀는 미스코리아에서 수상한 후에도 자신의 꿈을 포기하지 않았다. 그리고 승무원이 되는 것이 그녀의 다음 목표였다. 그녀는 승무원이 되기 위해 필요한 자격과 능력을 마인드맵으로 정리했다. 예를 들어, 외국어, 의사소통, 서비스, 안전, 건강, 문화 등을 고려하고, 각각에 대해 어떻게 학습하고 훈련할지 세부적으로 적었다. 그녀는 이후 다양한 항공사의 채용 공고를 찾아보고, 그들의 요구사항과 기대치를 마인드맵에 추가했다. 그녀는 자신이 원하는 항공사를 선정하고, 그 항공사에 맞는 준비를 했다. 1지망으로 생각하는 기업만을 집중적으로 공부했다. 간절함과 긴장감을 느끼며, 자신을 채찍질하며 더 빠르게 성장할 수 있다고 생각했다. 단 하나의 기업만 준비한다는 것이 도박과 같은 도전이라는 것을 알면서도, 자신의 성향과 잘 맞는다고 믿었다. 그녀는 면접을 준비할 때 기업분석과 함께 자신이 이 기업과 어떤 부분이 잘 맞을 것 같은지 객관적으로 판단했다. 그녀는 자신의 외적, 내적 장단점을 냉철하게 분석하고, 단점을 합리화하기보다는 성장시키는 방향으로 노력했다. 그녀는 면접관들의 질문에 친절하게 답하고, 자신의 열정과 적극성을 보여주었다. 그녀는 결국 1지망으로 생각하는 기업에 합격하였다. 그녀는 자신의 꿈을 이루기 위해 한 걸음 더 나아갔다. 승무원으로서 최종 합격을 하여 자신의 꿈을 이루었다.

마인드맵은 꿈을 현실로 만드는 생각의 도구다

마인드맵은 내 꿈과 후배의 꿈의 목표를 달성하는 데 있어 비결이 되었다고 생각한다. 이는 잠재력을 극대화하고, 자신감을 키우며, 긍정적인 힘을 발휘할 수 있게 해준 힘이다. 마인드맵은 '생각의 지도'라는 뜻으로, 한 가지 주제에서 파생되는 여러 아이디어를 시각적으로 표현하는 방법이다. 주제와 관련된 키워드를 가지로 연결하고, 색상, 모양, 이미지, 기호 등을 사용해 정보를 구조화하고 강조한다. 마인드맵은 두뇌의 작동 원리에 기반해 만들어졌으며, 논리적이고 창의적인 사고를 동시에 발달시킬 수 있다. 마인드맵의 학습 효과에 대한 연구는 국내외에서 많이 이루어졌다. 다양한 분야에서 활용될 수 있으며, 특히 학습에 있어서는 많은 장점이 있다.

첫째, 기억력 향상에 도움이 된다. 마인드맵은 두뇌의 시각적 기억과 연상 기능을 자극해, 새로운 정보를 쉽게 저장하고 장기기억으로 전환할 수 있게 한다. 정보를 맥락에 맞게 정리하고, 주요 키워드를 강조하며, 이미지나 색상을 사용해 눈에 띄게 표현한다. 이러한 방식은 두뇌에 시각적 연관성을 제공하고, 정보 간의 관계를 파악하며, 기억에 남는 인상을 남긴다. 마인드맵을 통해 학습한 내용은 단순히 암기한 것보다 오래 기억할 수 있고, 필요할 때 쉽게 회상할 수 있다.

둘째, 창의력 발달에 도움이 된다. 마인드맵은 틀에 얽매이지 않고 자유롭게 생각을 펼칠 수 있는 도구다. 주제에서 다양한 방향으로 아이디어를 뻗어나가게 하고, 서로 다른 아이디어를 연결하고 조합한다. 이 과정에서 새로운 관점과 해결책을 발견할 수 있으며, 창의적인 사고를 훈련할 수 있다. 마인드맵은 브레인스토밍, 문제 해결, 프로젝트 기획, 스토리텔링 등 창의력이 요구되는 작업에 유용하게 쓰일 수 있다.

셋째, 학습 효율 증대에 도움이 된다. 마인드맵은 학습 내용을 간단하고 명료하게 정리할 수 있는 도구다. 핵심 키워드와 세부 내용을 계층적으로 구분하고, 중요한 부분을 색상이나 이미지로 강조한다. 이렇게 하면 학습 내용을 한눈에 파악할 수 있고, 불필요한 정보를 걸러낼 수 있다. 마인드맵은 학습의 목적과 방향을 명확히 하고, 학습의 흐름과 순서를 정리하며, 학습의 결과와 평가를 검토할 수 있게 한다. 마인드맵은 공부 계획, 강의 요약, 시험 준비, 에세이 작성 등 학습의 전 과정에 적용할 수 있다.

　마인드맵은 종이와 펜으로 그릴 수도 있지만, 디지털 마인드맵을 사용하면 더 많은 장점이 있어 적극 추천한다. 디지털 마인드맵은 마우스나 키보드로 쉽게 편집할 수 있다. 마인드맵의 크기, 모양, 색상, 위치 등을 자유롭게 조절하고, 노드를 추가·삭제하거나 이동하며, 아이디어를 재구성하고, 오류를 수정할 수 있다. 디지털 마인드맵은 학습 내용이 변화하거나 업데이트될 때 유연하게 대처할 수 있다. 또한 다양한 시각 효과를 쉽게 삽입할 수 있다. 사진, 동영상, 음성, 아이콘, 이모티콘, 클립아트, 차트, 표, 링크 등을 추가하면 더 풍부하고 다양한 정보를 표현할 수 있다. 디지털 마인드맵은 학습 내용을 더 쉽고 재미있게 이해하고 기억할 수 있다.

　마인드맵은 단순한 도구일 뿐이다. 중요한 것은 마인드맵을 어떻게 만들고 활용하는지, 그리고 마인드맵을 통해 어떤 목표를 세우고 달성하는지다. 마인드맵은 우리 모두에게 꿈과 목표를 달성하는 비결이 될 수 있다. 마인드맵을 통해 자신의 잠재력을 극대화하고, 자신감을 키우고, 긍정적인 힘을 발휘할 수 있다. 마인드맵을 통해 우리는 자신의 인생을 바꿀 수 있다.

당신을 자극하는 롤모델이 있는가?

**롤모델 사진,
매일의 동기부여와 성공의 비밀**

~~~ **5** ~~~

🎞️ 롤모델의 사진으로 시작된 나의 변화와 도전

일상 속에서 스마트폰 배경화면에 설정한 롤모델의 사진은 나의 인생을 바꾼 전환점이 되었다. 그 사진은 나에게 꿈을 향해 나아갈 수 있는 용기를 주었다.

처음 도전한 지역 미인대회에서의 실패는 큰 아픔이었지만, 동시에 변화를 위한 강한 의지를 불러일으켰다. 그 순간, 나는 폰 배경화면으로 롤모델의 사진을 설정하며 새로운 결심을 했다. 운동을 하며 때때로 흔들릴 때마다, 그 사진은 나를 다시 일으켜 세우는 동기부여의 원천이 되었다.

미스유니버스 출신 이하늬 씨는 서양적인 몸매와 뛰어난 미모로 많은 이들의 존경을 받는 동시에, 큰 꿈을 향해 도전하는 모습으로 나에게 큰 영감을 주었다. 그녀의 사진을 폰 배경화면에 두는 것은 매일 그녀를 보며 그녀처럼 되고자 하는 강한 의지를 갖게 하기 위함이었다. 그 사진은 단순한 이미지가 아니라, 나의 꿈과 목표를 향한 열정을 불러일으키는 촉매제였다.

1년간의 체중 감량, 스피치 준비, 그리고 미인대회 재도전은 나만의 싸움이었다. 운동을 하며 지칠 때마다 이하느 씨의 사진은 나의 의지를 불태우는 불꽃이 되어 주었다. '오늘은 여기까지'라는 생각이 들 때마다, 그 사진을 보며 '아직 멀었다. 더 해야 한다'라고 다짐했다. 그렇게 롤모델은 나의 삶을 이끄는 나침반이 되었다.

시간이 흘러 체중은 10kg 이상 줄었고, 나는 더 건강하고 생기 있는 모습으로 미인대회에 다시 도전했다. 그리고 그때, 나는 상을 받았다. 롤모델의 사진은 단순한 동기부여를 넘어, 나의 꿈과 목표를 현실로 만드는 데 중요한 역할을 했다.

롤모델의 사진은 나에게 방향을 제시하고, 원하는 미래로 나아가는 데 필요한 힘을 주었다. 진정한 변화와 성공을 위해, 나는 이하느 씨가 어떤 준비와 마음가짐으로 대회에 임했는지 연구했다. 그녀의 국내미인대회 영상과 세계미인대회 영상을 보며, 그녀의 말투와 태도를 닮아가려고 노력했다.

이 모든 과정을 통해 나는 깨달았다. 롤모델의 사진은 단순한 이미지를 넘어서, 나의 꿈을 향한 열정을 불러일으키는 강력한 힘이었다. 그것은 나를 변화시키고, 성공으로 이끈 결정적인 요소였다. 롤모델의 힘은 사진 한 장에 머무르지 않고, 나의 삶 속으로 깊숙이 스며들어, 나를 끊임없이 앞으로 나아가게 했다. 이것이 바로 롤모델의 사진을 통해 내 삶을 변화시키고, 나의 꿈을 현실로 만든 방법이다.

사진 한 장의 힘, 목표 설정과 실천의 비결

롤모델의 힘은 실천적 변화를 만들어준다. 롤모델의 사진을 폰 배경화면으로 설정하는 것은 단순한 행동이 아니라, 목표 달성에 있어 매우 효과적인 전략이다. 이는 매일 자주 보게 되는 이미지를 통해 롤모델의 성공과 가치를 끊임없이 상기시키고, 그들을 닮고자 하는 강력한 동기를 부여하기 때문이다. 롤모델의 이미지는 긍정적인 영향을 주는 것을 넘어서, 잠재력을 깨우고 목표를 설정하는 데 중요한 역할을 한다.

연구에 따르면, 학습자의 향상초점이 목표지향성에 영향을 미치는 과정에서 롤모델 긍정판단이 매개 효과를 가지며, 롤모델 해석수준의 조절 효과를 탐색하였다. 이는 롤모델이 구체적인 행동 모델을 제공하고, 성공으로 가는 길을 보여줌으로써 그 길을 따라갈 수 있도록 돕는다는 것을 의미한다.

롤모델의 이미지는 본인이 원하는 자아상으로의 변화를 촉진할 수 있다. 매력적인 사람들은 대개 자신이 존경하고 닮고 싶어 하는 롤모델을 가지고 있으며, 그들을 향한 노력을 통해 자신이 원하던 이미지로 변화할 수 있다. 롤모델은 단순히 성공의 상징이 아니라, 스스로가 추구하는 가치와 이상을 형상화하는 존재다. 그러나 중요한 것은, 롤모델의 이미지를 보는 것만으로는 충분하지 않다는 점이다. 롤모델의 성공적인 특성이나 습관을 자신의 삶에 적용하기 위한 구체적인 행동과 노력이 필요하다.

롤모델의 성공이 자신에게 자극을 줄 수는 있지만, 실제로 목표를 이루기 위해서는 그들의 길을 따라가는 것 이상의 노력이 요구된다. 롤모델의 사진을 매일 보며, 그들의 성공을 단순히 동경하는 것이 아니라, 그들이 걸어온 길을 이해하고, 그들의 습관과 특성을 나의 것으로 만들기 위한 실천적인 단계를 밟아야 한다.

결론적으로, 롤모델의 사진을 폰 배경화면으로 설정하는 것은 목표 달성을 향한 첫걸음이 될 수 있다. 그러나 그것이 진정한 변화와 성공으로 이어지기 위해서는 롤모델의 이미지를 넘어서 그들의 마인드를 이해하고, 그들의 행동을 모방하며, 그들이 가진 가치를 자신의 삶에 적용하는 끊임없는 노력이 필요하다. 롤모델의 사진은 자기 자신에게 방향을 제시할 수 있지만, 실제로 그 길을 걷는 것은 나 자신의 몫이다. 롤모델의 사진을 통해 성공을 매일 상기하고, 가치를 자신의 삶에 적용하여 목표를 향해 나아갈 수 있다.

피지컬이 멘탈을 바꾼다

작지만 큰 변화를 주는,
매일 20분 운동으로 건강 지키기

6

🔊 건강을 되찾는 비결 : 매일 20분 운동의 가치

내 둘째 여동생은 전문직으로 일하고 있다. 동생은 일에 열정적이고, 동료들과 잘 협력하며, 상사들로부터 인정받고 있다. 그러나 건강에는 별 관심이 없었다. 퇴근 후 집에 오면 컴퓨터 앞에서 게임이나 영화를 즐기거나, 책을 읽거나, 인터넷 쇼핑을 했다. 몸을 움직이는 것을 귀찮아했다.

하지만 재작년 겨울, 동생은 빈혈을 겪었다. 화장실 바닥에 쓰러진 동생을 병원에 데려갔을 때, 의사는 운동 부족과 스트레스로 인해 심장이 약해지고, 혈압이 올라가며, 혈관이 막혀 빈혈이 생겼다고 설명했다. 운동을 하지 않으면 빈혈이 다시 발생할 수 있다고 경고했다. 나는 동생이 그런 상태였다는 사실에 놀랐다.

 헬스장에서 일하는 친한 언니에게 동생의 상황을 전하고, 동생이 운동을 시작하도록 도와달라고 부탁했다. 언니는 "운동은 혈관을 깨끗하게 하고, 빈혈을 예방한다"라며 "건강한 삶을 위해서는 운동이 필수"라고 강조했다.

 언니는 내 동생에게 그날 당장 운동을 시작할 것을 권장했다. 운동 시간은 20분을 목표로 하되, 처음에는 10분으로 시작하고, 점차 늘려가라고 조언했다. 매일 20분씩 운동하는 방법도 알려주었다.

1. **편안하고 통기성이 좋은 운동복 입기** : 몸무게에 상관없이 자신의 몸을 사랑하고 변화를 기대하라고 했다.
2. **동기 부여** : 운동 전에 닮고 싶은 사람의 사진을 보며 동기를 부여하라고 했다.
3. **운동 일기 작성** : 운동 목표를 세우고, 운동 후에 시간, 종류, 강도 등을 기록하여 성과와 변화를 파악하라고 했다.
4. **적절한 휴식과 수분 섭취** : 운동 중간중간에 휴식을 취하고 물을 자주 마셔 탈수를 방지하라고 했다.
5. **스트레칭** : 운동 전후에는 스트레칭을 해서 근육과 관절을 풀어주고, 부상을 예방하라고 했다.

 동생은 이 모든 조언을 기록하며 실천하고, 조금씩 건강을 회복하였다.

📢 매일 20분 운동의 효과, 더 건강하고 행복한 삶을 위한 투자

　동생이 쓰러진 후, 나는 운동의 중요성에 대해 관심을 갖게 되었고, 켈리 최 대표의 유튜브 채널을 통해 성공적인 삶을 위해서는 운동이 필수적임을 깨달았다.

　그러던 중 큰외삼촌을 뵈었다. 오랜만에 뵌 외삼촌은 여전히 건강한 체력과 긍정적인 마인드를 지니고 계셨다. 나는 외삼촌에게 건강의 비법을 여쭤보았다. 60대인 외삼촌은 매일 아침 일찍 일어나 운동하셨고, 주말에는 자전거를 타며, 휴일에는 등산을 즐기신다고 하셨다. 이러한 꾸준한 운동 루틴 덕분에 외삼촌은 마치 30년이나 젊어진 듯, 건강을 유지하고 계셨다.

　단 20분의 운동만으로도 우리의 건강과 웰빙에 상당히 긍정적인 영향을 줄 수 있다. 운동은 신체 활동을 넘어 정신 건강과 일상의 기분에까지 영향을 미친다. 예를 들어, 하루에 20분 이상의 중강도 또는 고강도 유산소 운동을 지속하면 폐렴, 뇌졸중, 당뇨병, 합병증 등에 의한 입원 위험을 낮출 수 있다. 이는 운동 등 적절한 신체 활동이 건강에 미치는 영향이 매우 크다는 것을 보여준다.

　캐나다 토론토대 연구팀의 연구에 따르면, 가벼운 에어로빅이나 산책과 같은 활동을 매일 20~30분씩만 해도 우울증 예방에 효과적이라고 한다. 이처럼 운동은 생리적, 생화학적, 심리사회적 메커니즘을 통해 우울증을 예방할 수 있다. 운동 후에 느껴지는 상쾌한 기분은 장기적인 효과를 지닐 수 있는데, 적절한 운동은 우리의 기분을 최대 12시간까지 상쾌하게 지속시킨다는 연구 결과도 있다.

가벼운 활동만으로도 우울증 예방에 도움이 될 수 있다. 걷기와 같은 가벼운 활동은 스트레스 감소, 자아 존중감 향상, 수면 향상 등 다양한 측면에서 우리에게 긍정적인 변화를 가져올 수 있다. 이러한 연구 결과들은 매일 꾸준한 운동의 중요성을 강조한다. 운동은 체중 조절이나 체력 향상을 넘어, 정신 건강, 일상의 기분, 심지어 수명에까지 영향을 미친다. 따라서, 매일 20분의 운동을 통해 우리는 더 건강하고, 행복하며, 만족스러운 삶을 살 수 있다. 운동은 삶의 질을 높이는 데 필수적인 요소이다. 매일 20분 운동을 지속하는 것은 확실히 건강과 웰빙에 긍정적인 영향을 미치는 중요한 습관이다.

혹시 운동을 돕는 앱을 찾고 있다면, 다음과 같은 앱들이 도움이 될 것이다.

- **플랜핏** : 개인 맞춤형 운동 루틴을 제공하며, 운동 기록과 일지 관리에 유용하다. 사용자 리뷰에 따르면, 다양한 운동 루틴과 기구 활용법을 배울 수 있으며, 운동 후 들어올린 토탈 볼륨을 확인할 수 있다.

- 번핏 : 운동 일지와 기록을 관리하는 데 특화된 앱으로, 근력운동부터 홈트레이닝까지 다양한 운동을 지원한다.
- Nike Training Club : 나이키에서 제공하는 앱으로, 다양한 운동 프로그램과 개인 맞춤형 트레이닝 가이드를 제공한다. 건강한 습관 유지에 도움이 되는 콘텐츠가 풍부하다.

이 앱들은 운동 루틴을 계획하고, 운동을 기록하며, 건강한 생활 습관을 유지하는 데 도움을 줄 수 있다. 운동을 시작하기 전에, 본인에게 가장 적합한 앱을 선택하는 것이 좋다.

씽킹파워를 높이는 오감 자극 독서법

종이책의 힘은
삶을 변화시키는 지혜다

7

종이책이 우리의 삶을 바꾸는 이유

나는 석사 졸업 시험의 실패로 자신감을 잃었던 적이 있었다. 그러던 어느 날, 서점의 한 구석에서 《하버드 100년 전통의 자기관리 수업》이라는 보석 같은 책을 발견했다. 이 책은 단순한 글자의 나열이 아니었다. 생각과 감정, 행동과 인간관계, 시간 관리와 습관에 이르기까지, 삶의 모든 영역에서 나를 한 단계 끌어올리는 지혜를 담고 있었다.

저자는 마르크스의 말을 인용해 "삶이 바다라면, 강인한 의지를 가진 사람만이 그 바다를 건너 부두에 도착할 수 있다"라고 강조했다. 내면을 정복한 자만이 자신의 삶을 주도할 수 있다는 것이다. 하지만 현실은 종종 우리를 개인적 욕망과 타성의 늪에

빠뜨린다. 이 책은 그러한 늪에서 벗어나 무기력하고 나태하며 적극성이 부족한 자신과 맞서 싸우면서 자기관리 능력을 키우는 방법을 제시했다.

하버드에서는 목표와 계획을 세우면 즉시 행동으로 옮기는 것을 가르친다. "조금 있다가", "내일 시작하자"라는 말은 하버드 학생들의 사전에 없다고 한다. 이들은 목표를 설정한 후 즉시 행동으로 옮기는 습관을 가지고 있었다. 이러한 미래 지향적인 태도는 성공적인 결과를 이끌어내는 데 큰 역할을 한다고 생각한다. 계획을 세운 다음 미루지 않고 즉시 행동으로 옮기는 것이 중요하다는 교훈을 얻을 수 있었다. 또한 이 책은 나에게 실패를 배움의 기회로 보는 새로운 시각을 제공했고, 다시 도전할 용기를 불어넣어 주었다.

나는 이 책을 소중히 간직하며, 출퇴근길에 중요한 부분들을 반복해서 읽었다. 특히 중요하다고 생각되는 부분은 페이지를 접어 표시하고 형광펜으로 줄을 그어놓았다. 이러한 긍정적인 마음가짐 덕분에 졸업 시험을 다시 준비하여 합격할 수 있었고, 석사 졸업 후에는 박사 과정에도 진학할 수 있었다.

이처럼 책은 강력한 마인드의 힘을 보여주며, 우리의 생각을 강화시키고, 삶을 변화시키며, 꿈을 이루게 해준다. 특히 종이책은 우리가 텍스트와 상호작용하는 방식을 변화시킨다. 페이지를 넘기는 행위, 책의 무게와 질감, 심지어 종이의 냄새까지도 독서 경험의 일부가 되며, 이는 기억력과 이해력을 향상시키는 데 도움이 된다.

종이책을 읽을 때 우리는 더 깊이 몰입하고, 오랜 시간 동안 집중하며, 세밀하게 내용을 분석하게 된다. 이러한 과정은 비판적 사고력과 창의력을 증진시키는 데 기여한다.

책은 우리의 삶 속에서 끊임없이 흐르는 강물과 같아, 때로는 부드러운 위안을, 때로는 거센 도전의 물결을 가져다준다. 그리고 그 속에서 우리는 자신만의 이야기를 찾고, 삶의 진정한 의미를 발견하게 된다. 책은 우리에게 무한한 가능성의 문을 열어주는 열쇠이며, 그것을 통해 우리는 더 넓은 세계로 나아갈 수 있다.

종이책 vs 전자책 : 정보를 넘어 종이책이 주는 진정한 가치

생각의 힘은 우리가 문제를 해결하고 창의적인 아이디어를 내며 새로운 지식을 습득하는 데 필수적인 능력이다. 그러나 현대 사회에서는 스마트폰이나 컴퓨터와 같은 디지털 기기에 너무 의존하게 되면서, 우리의 생각의 힘은 점점 약해지고 있다. 디지털 기기는 우리에게 편리함과 즐거움을 제공하지만, 동시에 우리의 주의력을 분산시키고, 생각하는 시간을 줄이며, 뇌 가소성을 저하시킨다. 디지털 기기가 우리의 뇌를 소모시키는 것이다.

반면에 종이책을 읽는 것은 우리의 생각의 힘을 향상시키는 데 도움이 된다. 종이책을 읽으면서 우리는 디지털 기기보다 더 오랜 시간 동안 한 가지 주제에 몰입하게 되고, 자신의 생각과 비교하며, 새로운 인사이트를 얻게 된다. 또한 종이책을 읽으면서 우리는 책의 내용과 관련된 이미지나 감정을 상상하게 되고, 책의 내용을 장기 기억에 저장하게 된다. 이러한 과정은 우리의 주의력과 집중력, 이해력과 분석력, 비판적 사고력, 기억력과 상상력을 모두 강화시킨다. 종이책이 우리의 뇌를 자극하는 것이다.

종이책을 읽는 것이 생각의 힘에 좋다는 것은 여러 연구에서도 입증되었다. 2014년 노르웨이 스타방게르 대학의 연구자들은 디지털 기기와 종이책을 사용하여 동일한 텍스트를 읽은 학생들의 이해도와 기억력을 비교하였다. 그 결과, 종이책을 읽은 학생들이 디지털 기기를 읽은 학생들보다 텍스트의 내용을 더 잘 이해하고 기억하였다.

또한, 2017년 캐나다 토론토 대학의 연구자들은 각각 디지털 기기와 종이책을 사용하여 소설을 읽은 성인들의 뇌 활동을 측정하였다. 그 결과, 종이책을 읽은 성인들이 디지털 기기로 책을 읽은 성인들보다 뇌의 좌·우반구가 더 활발하게 협력하였고, 뇌의 상상력과 공감력에 관련된 영역이 더 활성화되었다. 이러한 연구들은 종이책이 우리의 뇌에 미치는 긍정적인 영향을 보여준다.

매디언 울프가 낸 《다시 책으로》라는 책은 디지털 시대에도 왜 굳이 종이책을 읽어야만 하는지를 논한다. 요약하면 "디지털 읽기를 계속하면 종이책을 읽을 때 구축된 뇌의 '깊이 읽기 회로'가 사라지고, 따라서 깊이 읽기의 결과물인 비판적 사고와 반성, 공감과 이해 등을 인류가 잃어버릴 수 있기 때문"이다.

종이책은 단순히 정보를 전달하는 매체가 아니라, 우리를 성장시키고 삶을 바꾸는 힘을 지닌다.

먹는 습관이 곧 살아가는 습관이다!

패스트푸드의 유혹에서 벗어나
건강한 식습관으로 전환하기

8

🔊 건강한 습관으로 행복한 인생을 만드는 방법

호텔 인턴 기간 동안, 패스트푸드와 기름진 음식에 빠져 살았다. 치킨 한 조각의 바삭함, 피자 한 조각의 진한 맛은 언제나 나를 매혹시켰다. 하지만 그 맛있는 순간들이 가져다준 것은 즐거움이 아닌, 문제의 연속이었다. 피부는 뾰루지로 가득 찼고, 스트레스는 날이 갈수록 쌓여만 갔다. 사람들을 만나는 것도 싫어졌다. 외모에 신경이 쓰여 피부과를 찾고, 고급 화장품을 사용하며, 여러 치료를 받아보았지만, 근본적인 해결책은 찾지 못했다.

그러던 중, 맑고 건강한 피부를 자랑하는 친구 나윤이의 조언을 듣게 되었다. 그녀는 기름진 음식을 피하고 야채를 많이 먹는 것이 피부 관리의 비결이라고 했다. 그 말에 공감하며, 나는 식습관을 바꾸기로 결심했다. 아침은 삶은 계란 2개와 김, 그리고 아메리카노로 시작했다. 점심에는 기름진 음식 대신 일반식을 선택했고, 저녁은 양배추와 버섯, 계란 등을 활용한 요리로 마무리했다. 간식으로는 튀기지 않은 고구마 말랭이, 견과류 등 건강한 스낵을 선택하고, 배가 고플 때마다 간편하게 먹을 수 있도록 미리 준비했다.

모임이 있었거나 야식을 먹은 날에는 다음 날 14시간 동안 공복을 유지해 몸에 휴식을 주었다. 이 작은 변화들이 모여 큰 변화를 이끌었다. 피부 문제는 줄어들었고, 스트레스는 사라졌다. 에너지 수준이 향상되어 하루 종일 활기차게 지낼 수 있게 되었다. 기름진 음식을 줄이고 야채를 즐겨 먹는 것은 단순한 선택이 아니라, 나의 건강과 행복을 위한 필수적인 결정이 되었다.

특히, 건강한 식습관은 나에게 요리라는 새로운 취미도 만들어주었다. 퇴근 후에는 집 앞 야채가게를 방문하여 신선한 재료를 고르고, 그 재료로 새로운 요리를 시도했다. 이 작은 변화는 주변 사람들에게도 영향을 미쳤다. 내가 건강한 마인드와 건강한 모습으로 변화된 것을 보고 가족들도 건강한 식습관을 가지려는 노력을 시작했다.

건강한 식습관은 단순히 먹는 것을 넘어서, 삶의 방식을 바꾸는 것이었다. 이 모든 것은 나에게 큰 만족감을 주며, 나의 건강한 미래를 위한 투자라고 생각한다. 이 작은 식습관의 변화가 나에게 가져다준 긍정적인 변화는 매우 크다. 피부는 물론이고, 몸의 에너지 수준도 향상되었고, 정신적으로도 더욱 맑아졌다. 건강한 식습관을 통해 삶의 질을 향상시키고 있다.

건강한 식습관을 위한 스마트 가이드

건강한 야채 섭취가 삶에 긍정적인 변화를 가져올 수 있다는 연구 결과는 다양하다. 예를 들어, 한 연구에서는 식생활 습관의 유형을 분석하여 효과적인 건강 증진 방안을 모색하였다. 이 연구는 대학생들의 식습관을 주관성 연구 방법론을 사용하여 분석하고, 그 결과로 건강한 식습관이 다양한 질병을 예방하고 삶의 질을 향상시킬 수 있다는 결론을 내렸다.

건강 상태와 삶의 만족도의 관계를 분석한 연구도 있다. 이 연구는 건강 상태가 삶의 만족도에 통계적으로 의미 있는 영향을 미친다는 결과를 보여주었으며, 이는 건강한 식습관이 삶의 질에 긍정적인 영향을 줄 수 있음을 시사한다.

이처럼 건강한 야채 섭취는 단순히 영양 섭취의 문제를 넘어서, 전반적인 건강 증진과 삶의 질 향상에 기여할 수 있는 중요한 요소로 인식되고 있다. 따라서 균형 잡힌 식단과 함께 다양한 야채를 섭취하는 것은 건강한 삶을 위한 중요한 습관 중 하나로 볼 수 있다.

이러한 배경을 바탕으로, 건강한 식습관을 지원하는 다양한 앱들이 개발되어 사용자들에게 큰 도움을 주고 있다. 이 앱들은 사용자가 자신의 목표와 필요에 맞는 최적의 선택을 할 수 있도록 독특한 기능과 장점을 제공한다.

- 스프린트(Sprint) : 스프린트는 사용자가 식사를 사진으로 찍으면, 그 사진을 분석하여 음식의 종류와 영양 정보를 자동으로 기록해주는 혁신적인 기능을 제공한다. 이를 통해 사용자는 매일 섭취하는 칼로리와 영양소를 쉽게 추적할 수 있으며, 이 정보는 건강한 식단을 유지하는 데 중요한 역할을 한다. 또한, 스프린트는 사용자의 식습관을 분석하여 건강한 식단을 제안함으로써, 사용자가 올바른 식사 선택을 할 수 있도록 지원한다.
- 다이어트 카메라 A.I.(Diet Camera A.I.) : 다이어트 카메라 A.I.는 인공지능 기술을 활용하여 사용자가 찍은 음식 사진을 분석하고, 해당 음식의 칼로리와 영양 정보를 자동으로 기록한다. 이 정보는 사용자가 일일 섭취량을 관리하고, 건강한 식습관을 유지하는 데 큰 도움이 된다. 사용자는 이 앱을 통해 자신의 식사를 객관적으로 평가하고, 필요한 조정을 할 수 있다.

- **팻시크릿**(FatSecret) : 팻시크릿은 사용자가 섭취하는 음식의 칼로리를 추적하고, 영양 정보를 제공하는 앱이다. 이 앱의 커뮤니티 기능은 사용자들이 다이어트 팁과 경험을 공유할 수 있는 공간을 제공하며, 이는 사용자들에게 동기 부여와 지속 가능한 식습관 형성에 큰 도움이 된다. 팻시크릿은 사용자가 건강한 식생활을 유지하도록 격려하고, 필요한 지원을 제공한다.
- **타임스냅**(Timesnap) : 타임스냅은 사용자가 식단을 시간별로 기록하고 관리할 수 있도록 도와주는 앱이다. 목표 설정 기능은 사용자가 장기적인 식습관 개선 목표를 세우고, 이를 달성하기 위한 진행 상황을 추적할 수 있도록 한다. 이 앱은 사용자가 자신의 식습관을 체계적으로 관리하고, 건강한 생활 방식을 유지하는 데 중요한 도구가 된다.
- **HealthifyMe** : HealthifyMe는 개인 맞춤형 다이어트 프로그램을 제공하는 앱으로, 사용자의 건강 목표와 생활 스타일에 맞춰 식단과 운동 계획을 제안한다. 전문 영양사와의 상담을 통해 사용자는 보다 전문적인 조언을 받을 수 있으며, 이는 건강한 식습관을 형성하고 유지하는 데 큰 도움이 된다.
- **MyFitnessPal** : MyFitnessPal은 대규모 음식 데이터베이스를 제공하여 사용자가 다양한 음식의 칼로리와 영양 정보를 쉽게 찾아볼 수 있게 한다. 칼로리 계산기와 매크로 추적 기

능은 사용자가 자신의 식습관을 체계적으로 관리할 수 있도록 돕는다.

각 앱의 특성과 장점을 고려해 개인적인 필요와 목표에 맞는 앱을 선택하고, 건강한 생활 방식을 위한 삶을 시작해 보자.

씽킹파워를 스토리텔링하라!

국방 분야 연구원의 꿈,
최종면접에서 스토리텔링으로 이루다

9

어려움을 이겨낸 성공 스토리는 귀한 보석이다

　IMF 사태로 아버지가 다니던 오리온전기 회사가 문을 닫게 되었고, 나는 가난한 환경 속에서 성장했다. 그럼에도 불구하고 어려운 난관을 극복하며 20살부터 독립적으로 수입을 창출하기 시작했고, 동시에 최종목표와 관련된 경력을 하나씩 쌓아가며 꿈을 향해 성장해왔다. 교수라는 최종 목표를 이루기 위해서는 연구원으로서의 경험이 필요하다고 생각했고, 이에 연구원이 되고자 하는 꿈을 키웠다.

　연구원이 되기 위해 여러 서류 전형에 지원했다. 노력 끝에 4차 면접까지 통과했고, 최종 단계인 5차 면접에서 박사 학위를 가진 경쟁자와 경쟁했다. 석사 과정이었던 나는 학력에서 불리

했지만, 내가 겪은 어려움을 극복한 이야기와 그 과정에서 어떻게 이겨냈는지를 스토리텔링으로 표현했다. 이러한 노력 끝에 나는 국방 분야 연구원으로 합격하여 국방부로 출퇴근하며 군인들과 함께 프로젝트를 수행했다. 또한 선임연구원이라는 행운을 얻게 되어 국방과학연구소, 해양연구소, 군대 등 다양한 곳으로 출장을 다니며 많은 것을 배울 기회를 얻었다. 특히, 군사과학기술학회 등에 참여하며 훌륭한 분들을 만날 수 있었다.

스토리텔링의 힘으로 대학 강연 기회도 얻을 수 있었다. 26살에 인하대학교에서 첫 특강을 할 기회를 얻었고, 어려운 환경에서 스스로 힘을 내어 성공해온 내 스토리를 학생들과 나누었다. 이 강의는 많은 학생들의 공감과 감동을 이끌어냈으며, 한 학생은 하버드대 강의보다 더 좋았다고 평가했다. 이러한 경험으로 인해, 지금까지도 대학 강연 강사로 활동할 수 있는 삶에 감사하고 있다.

나는 왜 어려운 환경에서 태어났는지 원망도 했지만, "슬픔과 행복은 비례한다"라는 말처럼 어려운 환경을 극복하고 꿈을 이루기까지의 과정은 소중한 스토리가 되어 나에게 큰 자부심을 안겨주었다.

스토리텔링은 씽킹파워를 표현하는 동시에 그 근거이기도 하다. 스토리텔링을 잘하기 위해서는 다음과 같은 방법을 추천한다.

1. **다양한 스토리텔링 예제 읽기, 듣기, 보기** : 스토리텔링의 재료는 자신의 삶에서 찾을 수 있으며, 다른 사람들의 스토리텔링을 통해 배우고 모방할 수 있다. 책, 영화, 드라마, 팟캐스트, 유튜브 등에서 스토리텔링의 예제를 찾아보고 분석해보자.
2. **스토리텔링의 기본 원리와 방법 익히기** : 스토리텔링은 이야기의 구조와 내용을 설계하고, 듣는 이의 관심과 감정을 끌어내는 기술이다. 스토리텔링의 기본 구조는 시작, 발단, 전개, 절정, 결말로 이루어져 있다. 이 원리를 이해하고 적용하면 스토리텔링 능력을 향상시킬 수 있다.
3. **실전 연습하기** : 스토리텔링의 예제와 원리를 익힌 후, 실전 연습을 통해 능력을 테스트하고 향상시키자. 자신의 삶에서 재미있거나 감동적인 일을 스토리로 만들어보거나, 좋아하는 책이나 영화의 이야기를 자신의 입장에서 바꿔 써보는 것도 좋은 연습이 될 수 있다.

스토리텔링은 문제 해결, 창의적 아이디어 발상, 소통, 협력, 리더십 발휘에 중요한 역할을 한다. 새로운 문제에 대처하고, 기회를 잡으며, 가치를 창출하고, 세상을 만드는 데 스토리텔링은 필수적이다.

삶의 이야기로 펼쳐지는 스토리텔링의 힘

스티브 잡스는 씽킹파워로 꿈을 실현한 천재였다. 그의 스토리텔링은 씽킹파워를 향상시키고 실현하는 데 매우 유용하고 효과적인 도구였다. 스토리텔링은 우리가 새로운 문제에 대처하고, 새로운 기회를 잡고, 새로운 가치를 창출하고, 새로운 세상을 만들 수 있게 해준다. 스토리텔링은 우리가 자신의 삶과 꿈을 다른 사람들과 공유하고, 이해하고, 협력하고, 성장할 수 있게 만든다.

스티브 잡스는 아이폰을 발표할 때 단순히 제품의 기능과 성능을 나열하는 것이 아니라, 자신의 삶과 꿈, 그리고 아이폰이 세상을 바꿀 수 있는 이유를 스토리로 풀어냈다. 그는 아이폰을 "매직, 레볼루션, 브레이크스루"라고 표현하며, 듣는 이들에게 감동과 설렘을 주었다. 그의 스토리텔링은 아이폰의 성공에 큰 역할을 했다. 스티브 잡스는 자신의 씽킹파워를 스토리텔링으로 표현하고, 다른 사람들에게 교훈을 주었다.

그는 자신의 삶을 세 가지 이야기로 요약했다. **첫 번째 이야기는 자신이 대학을 중퇴한 이유와 그로 인해 얻은 것들이었다.** 그는 대학을 다니는 것이 자신의 취향과 재능과 맞지 않다고 느꼈고, 자신이 진정으로 관심 있는 것들을 배우기 위해 수업을 듣거나 떠돌았다. 그러던 중에 캘리그래피 수업을 듣게 되었고, 그것이 나중에 매킨토시 컴퓨터의 아름다운 폰트를 만드는 데 도움이 되었다고 말했다. 그는 대학을 중퇴한 것이 쉽지 않은 결정이었지만, 그로 인해 자신의 직관과 운명을 따르게 되었다고 말했다.

두 번째 이야기는 자신이 애플에서 쫓겨난 이유와 그로 인해 얻은 것들이었다. 그는 애플에서 자신이 만든 매킨토시 팀과 경영진과의 갈등으로 인해 해고당했다고 말했다. 그는 자신이 사랑하는 일에서 쫓겨난 것이 매우 고통스러웠지만, 그로 인해 자신의 창의성과 혁신성을 재발견할 수 있었다고 말했다. 그는 넥스트라는 새로운 회사를 창업하고, 픽사 애니메이션 스튜디오를 인수하고, 애플로 돌아오게 되었다고 말했다. 그는 자신이 해고당한 것이 최선의 일이었다고 말했다.

세 번째 이야기는 자신이 췌장암 진단을 받은 이유와 그로 인해 얻은 것들이었다. 그는 자신이 죽을 수 있는 병에 걸렸다는 것을 알게 되었고, 그것이 자신의 삶에 대한 관점을 바꾸게 되었다고 말했다. 그는 자신이 죽는다는 것을 인식하면서, 자신이 하고 싶은 일과 중요한 일에만 집중하게 되었다고 말했다. 그는 자신의 죽음을 매일 상기하면서, 자신의 삶을 의미 있게 살기 위해 노력했다고 말했다.

이렇게 스티브 잡스는 자신의 삶과 꿈을 세 가지 스토리로 풀어냈고, 그것이 자신의 씽킹파워를 보여주었다.

씽킹파워 사례1

❶ 축구선수 허용준
❷ 영화감독 신재호

___ 10 ___

❶ 국가대표의 꿈 : 허용준 선수, 한계를 넘어서다

　모임에서 친해진 허용준 선수는 나와 동갑내기 친구다. 그는 바른 인성을 가지고 있고, 항상 배울 점이 많은 친구다. 어린 시절부터 축구에 대한 열정을 가진 그는 고려대학교를 졸업하고 전남 드래곤즈에서 프로 축구의 길을 걷기 시작했다. 그의 발걸음은 국가대표팀으로 이어졌고, U-20과 A대표팀을 거쳐 국제 무대에 데뷔했다. 일본 J2리그의 베갈타 센다이에서의 활약은 세계에 그의 이름을 알리는 계기가 되었다.

　하지만 성공의 길은 결코 쉽지 않았다. 국가대표로 처음 선발됐을 때, 그는 자신의 능력에 의문을 가지고 어린 나이와 부족한 프로 경험에 대한 걱정을 했다. 그러나 그는 '나는 잘할 수 있다'

라는 자기 암시를 통해 내면의 힘을 길러내고, 끊임없는 노력과 훈련을 통해 수준 높은 선수들과 어깨를 나란히 할 수 있는 실력을 키워냈다.

프로 생활을 하며 겪는 힘든 시기는 그의 운명을 결정짓는 중요한 순간이었다. 포기하지 않는 마음을 가장 중요하게 여기며, 주어진 환경에서 최선을 다해 노력했다. 남들이 쉴 때도 운동과 훈련을 통해 자신을 단련했고, 힘든 시기를 이겨내는 것이 결국 성공으로 이어진다고 믿었다. 그는 포기하지 않는 정신과 현실을 인정하고 끊임없이 노력하는 가치를 보여주었으며, 바른 인성과 배움에 열린 태도를 가진 사람이라면 어떠한 어려움도 극복할 수 있다는 것을 경험을 통해 보여주었다.

축구 경기장 안팎에서 끊임없이 도전하는 그는 삶의 모든 순간에 최선을 다하는 자세로 도전을 받아들이고, 자신의 한계를 넘어서기 위해 독서를 하는 등 자기 계발에 힘쓰는 모습을 보여주었다. 그의 인생은 승리와 패배를 넘어 자신의 꿈을 향해 나아가는 중이다.

경기장에서 그는 자신의 삶을 표현하는 예술가와 같다. 모든 순간을 통해 감정과 생각을 표현하며 관중들에게 감동을 선사한다. 그의 플레이는 인간 정신의 승리를 상징하며, 열정과 노력으로 감동을 준다.

허용준 선수의 삶과 경력에서 우리가 배울 수 있는 교훈은 다음과 같다.

1. 자기 암시의 힘 : 자신감을 키우고 어려운 상황을 극복하는 데 큰 도움이 된다.
2. 포기하지 않는 정신 : 어떤 분야에서든 성공을 위한 중요한 요소다.
3. 현실 인정과 노력 : 현재의 위치를 인정하고 그 상황에서 할 수 있는 최선을 다해야 한다.
4. 목표를 향한 지속적인 발전 : 자신의 기술과 능력을 계속 계발하며 더 높은 목표를 향해 나아가야 한다.
5. 인성의 중요성 : 좋은 인성은 팀워크와 리더십에서 중요한 역할을 하며, 사람들과의 관계에서도 긍정적인 영향을 미친다.

이러한 교훈들은 축구뿐만 아니라, 우리의 일상 생활과 다른 모든 분야에도 적용될 수 있다. 허용준 선수의 이야기는 우리가 꿈을 향해 나아가는 데 필요한 용기를 주며, 끊임없는 노력과 긍정적인 태도의 중요성을 보여주는 좋은 예가 된다.

❷ 영화감독 신재호 : 걷기, 긍정적인 생각의 씨앗

인생이라는 예측 불가능한 길은 때로는 도전을, 때로는 감동을 선사한다. 신재호 감독님은 6년전 미인대회 심사위원으로 오신 분이며, 인생에서 유익한 조언을 아낌없이 제공해주신다. 그에게 걷기는 단순한 신체 활동을 넘어서 긍정적인 생각을 가질 수 있는 힘을 주고, 어려움을 극복하는 방법이 되었다. 2000년 영화 〈동감〉으로 데뷔한 그는 다양한 장르의 영화를 연출하며 대중적인 오락성과 예술적 가치를 겸비한 작품을 만들어왔다. 영화 현장의 연출부로 시작하여 시나리오 작가로서 경력을 쌓고, 자신만의 이야기를 담은 시나리오를 여러 회사에 보내며 재능을 인정받아 영화 감독의 길을 걷게 되었다.

코로나19 팬데믹은 그의 창작 활동에 큰 도전이었다. 영화계는 큰 변화를 겪었고, 많은 프로젝트가 중단되거나 연기되었다. 그러나 그는 긍정적인 사고를 통해 희망을 잃지 않았다. 가족의 힘과 작은 희망을 에너지 삼아 새로운 전략을 구상하며 관객들을 끌어당겼다. 공황장애와 같은 정신적 어려움을 겪으면서도 걷기를 통해 불안과 고민을 극복하는 자신만의 방법을 찾았다. 그의 영화는 단순한 엔터테인먼트를 넘어 삶의 깊은 의미를 탐구하는 예술 작품으로 남아 있다.

그는 걷기를 통해 자신의 내면과 대화를 나누고 창작의 영감을 얻는다. 그의 발걸음은 불확실한 미래 속에서도 한 걸음 한 걸음 나아가며 자신의 길을 개척하는 모든 이들에게 힘을 실어준다. 그는 나에게 "때로는 멈추고 싶은 순간이 있을지라도, 걷기를 통해 자신을 돌아보고 새로운 가능성을 발견할 수 있다"라는 중요한 메시지를 전달했다.

영화를 그만두고 싶었던 순간에도 걷기를 통해 어려움을 극복하며 긍정의 메시지를 전달하고자 했다. 그의 영화 속 캐릭터들은 변두리 소시민들의 삶을 진술하게 담아내며 우리 모두의 이야기를 대변했다. 그의 영화는 각각의 이야기를 통해 인간의 다양한 감정과 삶의 복잡성을 탐구한다. 〈유아독존〉, 〈내 사랑 싸가지〉, 〈4교시 추리영역〉과 같은 작품들은 사회의 다양한 층위를 드러내며 관객들에게 생각할 거리를 제공한다. 〈서유기 리턴즈〉, 〈웨딩스캔들〉, 〈응징자〉 등의 영화는 우리에게 웃음과 눈물을 동시에 선사하며 인생의 아름다움과 슬픔을 함께 나눈다.

걷기는 우리 몸뿐만 아니라 마음에도 이로운 활동이다. 걷는 동안 우리는 자연스럽게 호흡을 깊게 하고, 이는 우리의 신경계를 안정시키며 마음을 진정시키는 데 도움을 준다. 걷기는 또한 우리가 주변 환경에 집중하게 만들어 괴로운 생각에서 잠시 벗어날 수 있는 기회를 제공한다. 자연 속에서 걷는 것은 우리의 감정을 조절하고 마음을 치유하는 데 큰 도움이 된다.

연구에 따르면, 걷기는 뇌의 화학적 반응에 긍정적인 영향을 미친다. 걷는 동안 뇌에서는 엔도르핀과 같은 기분 좋은 화학물질이 분비되어 우울감과 불안감을 줄이고 긍정적인 기분을 느끼게 해준다. 이러한 화학물질은 우리가 괴로운 생각을 떨쳐내는 데 도움을 줄 수 있다. 걷기는 단순한 신체 활동이 아니라 우리의 마음과 정신에 긍정적인 영향을 미치는 치유의 과정이다. 걷는 동안, 우리는 스트레스를 해소하고 창의력을 향상시키며 생각을 정리할 수 있다. 걷기는 우리가 자연과 연결되어 있음을 느끼게 해주고, 우리의 감정을 조절하는 데 도움을 준다. 이렇게 걷기의 힘은 우리의 삶에 긍정적인 변화를 가져온다.

Chapter.3

인생의 J곡선을 그려내는
씽킹파워 4.0

절망 속 공허함을 채워준 음악의 힘

교통사고로 무너진 멘탈을
음악으로 회복하다

1

🎤 행복을 이끌어내는 음악의 긍정적인 힘

　국내 미인대회에서 수상하자마자, 나는 길을 건너다가 교통사고를 당해 구급차에 실려갔다. 트럭이 갑작스레 방향을 틀며 다가오는 것을 목격하고, 나는 본능적으로 뒤로 물러섰지만 늦었다. 트럭은 나를 들이받고, 나는 그 자리에 쓰러졌다. 의식을 잃은 채 병원에서 눈을 떴고, 의사는 나에게 심각한 소식을 전했다.

　척추, 목, 다리, 발에 큰 부상을 입어 휠체어 생활을 해야한다는 진단이었다. 절망감이 밀려왔다. 병원에서의 나날은 쓸쓸하고 고립된 시간의 연속이었다. 약 100일 동안 병원에 머물며 매주 수술실의 차가운 문턱을 넘었고, 휠체어는 나의 다리가 되었다. TV와 유튜브로 세상과 소통하려 했지만, 그것만으로는 내 마음의 공허함을 채울 수 없었다. 점점 깊은 절망에 빠져들었다.

그러나 어느 날, 라디오에서 우연히 들려온 지오디(GOD)의 '촛불하나'가 내 마음에 울림을 주었다. 그 노래는 나에게 새로운 희망을 불어넣어주었다. 음악을 들으며 병원을 돌아다니며, 다시 걸을 수 있는 날을 꿈꾸기 시작했다. 음악은 나와 교감하며, 휠체어를 타고 병원을 2시간씩 돌아다니는 것이 일상이 되었다.
퇴원 후, 매일 집 앞 공원에서 목발을 짚고 1시간씩 걷기 운동을 했다. 처음엔 한 걸음도 힘들었지만, 음악은 계속해서 나를 앞으로 나아가게 했다. 재활 치료와 함께 목발도 짚고 3개월 동안 연습한 결과, 드디어 스스로 걸을 수 있게 되었다. 음악은 나에게 자신감과 희망을 되찾아주었고, 생각의 힘을 키워주었다.

힘든 재활 과정은 반대로 나를 많은 소중한 인연들과 연결해주는 시간이기도 했다. 병원에서 만난 다른 환자들, 치료를 도와준 의료진 선생님들, 그리고 무엇보다도 나를 끝까지 지지해준 가족과 친구들. 그들의 따뜻한 격려와 끊임없는 지지가 있었기에, 나는 힘든 순간들을 이겨낼 수 있었다. 그들과의 깊은 대화는 내게 위안을 주었고, 우리는 서로의 아픔을 나누며 함께 회복의 길을 걸었다. 현재 나는, 음악과 희망으로 가득 찬 삶을 살아가고 있다. 그리고 이 모든 것은 '촛불하나'의 멜로디가 처음 내 마음에 울려퍼진 그 순간부터 시작되었다.

🎧 신나는 음악이 우리에게 주는 다양한 효과

음악은 우리 삶의 어려움과 슬픔을 마주할 때 위로가 되어준다. 슬픈 음악을 들으며 슬픔을 표현하고 공유하는 것도 좋지만, 신나는 음악은 슬픔을 극복하고 긍정적인 생각으로 전환하는 데 더 큰 역할을 한다. 신나는 음악은 기분을 즉각적으로 개선하고, 행복감과 활력을 높이며, 스트레스와 불안감을 줄여준다.

즐거운 음악을 듣는 것은 뇌에서 도파민과 옥시토신 같은 신경전달물질을 분비하게 하여, 기분을 개선하고 스트레스와 우울감을 감소시킨다. 음악은 삶에 색깔을 입히고, 감동을 주며, 위로를 해준다.

1. **감정 조절** : 음악은 감정을 조절하고 스트레스를 감소시키는 데 도움을 준다. 연구에 따르면, 음악을 듣는 것만으로도 스트레스 호르몬인 코르티솔의 수치를 줄일 수 있으며, 특히 신나는 음악은 기분을 개선하고 긍정적인 감정을 촉진한다.
2. **뇌 활동 촉진** : 음악은 뇌의 여러 부분을 활성화시키며, 이는 기억력, 주의력, 그리고 운동 능력과도 관련이 있다. 바로크 음악 같은 특정 장르는 알파 뇌파를 증가시켜 집중력

을 높이는 것으로 알려져 있다.
3. **치유와 회복** : 음악은 신체적, 정신적 건강을 개선하는 치유의 도구로 사용될 수 있다. 음악치료는 환자의 감정 표현을 돕고, 신체적, 인지적 능력을 향상시키는 데 목표를 두고 있다.
4. **사회적 상호작용** : 음악은 사회적 연결을 증진시키고 집단의 유대감을 형성하는 데 도움을 준다. 춤과 음악은 공동체의 결속을 강화하고, 사회적 상호작용을 즐기는 데 중요한 역할을 한다.

이러한 연구 결과들은 음악이 단순한 오락이 아니라, 우리의 정신적, 정서적, 신체적 건강에 깊은 영향을 미치는 강력한 매체임을 보여준다. 음악은 삶을 풍요롭게 하고, 새로운 가능성을 열어주며, 삶의 질을 향상시키는 데 중요한 역할을 한다. 음악을 통해 우리는 스트레스를 해소하고, 삶의 아름다움을 발견할 수 있다. 나아가 우리의 감정, 생각, 행동, 가치, 그리고 존재를 변화시키며, 삶을 더욱 풍요롭고 아름답고 행복하게 만든다.

삶은 때때로 예상치 못한 방향으로 흘러가기도 한다. 국내 미인대회 수상의 영광을 안고 새로운 시작을 꿈꾸던 나는 교통사고라는 불행에 직면해 수상 후 외부 활동은 물론이고 친목 모임에도 참석하지 못하게 되었다. 깊은 절망 속으로 빠져들게 되는 상황 속에서, 음악은 내 삶의 빛이었다. 병상에 누워 있을 때, 신나는 음악은 나에게 힘을 주었고, 다시 일어설 수 있는 용기를 북돋워주었다.

이처럼 음악은 단순한 소리의 조합을 넘어, 삶의 에너지이다. 특히 음악은 나에게 새로운 희망을 선사하고, 다시 꿈꿀 수 있는 힘을 주었다.

자격증 취득은 미래가치의 투자!

생각과 행동을 개선·발전시키는
성장의 도구, 자격증

~~~ **2** ~~~

📢 자격증으로 확장된 성장과 발전을 위한 지혜의 문

AI 시대의 도래로 인해 사람들의 마음을 이해하고 공감하는 능력이 중요해졌다. 이 변화에 발맞춰 나는 새로운 도전으로 심리상담사 1급 자격증을 취득하기 시작했다. 이 결정은 예상치 못한 강의 기회를 불러왔다. 한양대 대학원 선배의 요청으로 한남대학교에서 '코로나19 상황에 적합한 비대면 응대 기술, 감정노동, 스트레스 관리 방법'의 주제로 강의를 진행했다

이 경험으로 "준비된 자에게 기회가 온다"라는 말의 진정한 의미를 깨달았다. 자격증은 단순한 인증서가 아니라 미래를 위한 가치 있는 투자다. 나는 ICDL 국제컴퓨터 자격증, 사법영어통역사, PREDIGER 강사자격증, 생활마술교육지도사 1급, 생활

예절사 2급, TOPAS IATA 항공예약 자격 등 다양한 자격증을 취득했다. 각 자격증은 자신감을 주고, 새로운 분야에 도전할 용기를 불러일으켰다. 이러한 도전이 경력 발전에도 큰 도움이 됐다고 확신한다.

새로운 자격증을 취득할 때마다 능력과 지식이 확장되며, 삶의 영역이 넓어지고, 결과적으로 만족도도 높아진다는 것을 경험했다. 이런 과정을 통해 나는 삶을 더욱 풍요롭게 만들고, 성장과 발전을 이루기 위해 노력했다.

자격증 공부는 학문적인 업적을 넘어서 자신을 발전시키고 세상과의 교류를 더욱 깊이 있게 하는 기회로 받아들여진다. 미래를 위한 가치 있는 투자로서, 자격증 공부는 무한한 가능성을 열어준 것으로 생각한다.

1. **자격증 선택** : 어떤 자격증을 취득할지 결정한다. 필요성과 취득 방법을 파악하고, 해당 자격증의 필기 시험과 실기 시험 내용을 알아둔다.
2. **학습 계획 수립** : 꾸준한 학습이 필요하다. 시험 일정을 파악하고, 어떤 방법으로 언제 공부할지 계획을 세운다. 학습 계획표를 작성하여 일일, 주간, 월간 목표를 설정한다.
3. **시간 확보** : 직장인이라면 출근 전, 점심시간, 퇴근 후에 공부할 시간을 확보한다. 아침시간은 공부에 집중하기 좋은 시간이다.

4. **집중 하기** : 시험 기간에는 즐거움을 잠시 내려놓고 공부에 집중한다. 시험 후에 모든 것을 누릴 수 있다.
5. **매일 하기** : 매일 조금씩 꾸준히 공부하는 습관을 든다. 일일 공부량을 늘리는 것보다 매일 조금씩 공부하는 것이 더 효율적이다.
6. **체력 관리** : 체력을 단련하고 지치지 않도록 주의한다. 걷기나 운동을 통해 체력을 유지한다.

자격증 공부의 중요성과 효과

새로운 지식과 기술을 습득하고, 창의적인 해결책을 모색하며, 더 큰 목표를 향해 나아가야 한다. 그러기 위해서는 자신의 생각과 행동을 지속적으로 개선하고 발전시켜야 한다. 그런데 어떻게 하면 우리는 자신의 생각과 행동을 개선하고 발전시킬 수 있을까? 바로 자격증 공부를 통해서이다.

자격증 공부의 효과는 과학적으로도 입증되어 있다. 한국직업능력개발원의 2023년도 자격증 취득자 실태조사에 따르면, 자격증을 취득한 사람들은 취득하지 않은 사람들보다 취업률이 10.3%p 높고, 월평균 소득이 31만원 높았다. 또한, 자격증을 취득한 사람들은 취득하지 않은 사람들보다 삶의 만족도가 7.8% 높았다. 이러한 결과는 자격증 공부가 우리의 삶에 긍정적인 영향을 미친다는 것을 보여준다.

자격증 공부란 단순히 종이 조각을 얻기 위한 것이 아니다. 자격증 공부는 우리가 관심 있는 분야에 대해 깊이 있게 공부하고, 그 분야의 전문가가 되기 위한 과정이다. 자격증 공부는 우리가 새로운 도전에 대해 자신감과 의지를 갖게 하고, 실패와 성공을 경험하면서 성장하게 한다. 자격증 공부는 우리가 자신의 능력과 지식을 증명하고, 더 나은 기회와 성공을 얻게 한다.

자격증 공부의 효과는 다양하다

자격증 공부를 통해 나는 네 가지 주요 이점을 얻었다.

첫째, 네트워크 형성이었다. 자격증 공부를 하면서 나는 같은 분야의 전문가들과 네트워크를 형성했고, 서로의 지식과 경험을 공유했다. 이는 새로운 인사이트를 얻고, 기회를 발견하며, 협력을 이루는 데 큰 도움이 되었다. 자격증을 통해 나는 내 분야에서 인정받고, 존중받으며, 신뢰를 쌓을 수 있었다. 이는 나의 자존감과 자신감을 높이고, 사람들과의 관계를 원활하게 만들었다.

둘째, 자기 개선이었다. 자격증 공부를 통해 나는 내 장점과 단점을 파악하고, 스스로를 개선하며 발전시켰다. 이는 나의 성장을 측정하고, 가치를 인정받으며, 비전을 설정하는 데 도움이 되었다. 자격증 공부는 새로운 도전과 목표를 제시하고, 그것을 이루기 위한 계획과 실행력을 갖게 했다. 그리고 나의 의지와 동기를 높이고, 삶에 더 많은 의미와 즐거움을 부여했다.

셋째, 새로운 도전이었다. 자격증 공부를 통해 나는 새로운 도전에 대한 자신감과 의지를 갖게 되었다. 이는 나의 한계를 극복하고, 가능성을 확장하며, 꿈을 실현하는 데 도움이 되었다. 자격증 공부는 새로운 분야와 지식에 접근하게 하고, 그것을 습득하고 활용하게 했다. 이는 나의 시야와 지식을 넓히고, 잠재력을 발휘하게 했다.

넷째, 더 나은 삶이었다. 자격증 공부를 통해 나는 내 능력과 지식을 활용하고, 공유하며, 발전시켰다. 이는 삶의 질을 향상시키고, 사회에 기여하는 데 도움이 되었다. 자격증 공부는 더 나은 취업과 진로, 소득과 복지, 명예와 지위를 가져다 줄 수 있었다. 이는 나의 삶에 안정과 행복을 더했다.

최고의 안전자산은 자기 투자다

삶과 인간관계의 질을 개선하는
최적의 투자처, 나!

~~~ 3 ~~~

🔔 한 걸음씩 성장하는 길, 나에게 투자하기

나의 발전에 먼저 투자하는 것은, 결국 모든 투자가 나에게 돌아온다는 믿음을 바탕으로 한다. 어려움을 극복하고 성장하는 열쇠는 끊임없는 자기 투자에 있다. 연구 결과에 따르면, 성공한 사람들은 자신의 교육과 계발에 지속적으로 투자한다. 기업가부터 의사, 변호사, 운동선수, 예술가에 이르기까지, 모든 분야의 전문가들은 자신의 분야에서 최고가 되기 위해 지식과 기술을 배우고, 새로운 트렌드에 민감하게 반응하며, 도전을 두려워하지 않는다.

석사 과정 중 통계학의 기초조차 없었던 적이 있었다. 연구방법론 과목에서 통계 기말고사 시험을 앞두고 어려움을 겪었다.

독학의 한계를 느끼며 교수님께 조언을 구했다. 교수님의 경험담은 나에게 큰 교훈이 되었다. 교수님께서도 통계 공부에 어려움을 겪었을 때, 다수의 책과 다양한 통계 강의를 신청해 듣고 기초부터 통계를 독학하며, 새벽까지 공부해가면서 교수 목표를 이룰 수 있었다고 하셨다. 이 이야기를 듣자마자 나는 통계수업 강의를 찾아 기초부터 체계적으로 공부하기 시작했다. 이러한 노력 덕분에 지식 습득을 넘어 연구 방법론과 데이터 분석에 대한 깊은 이해로 이어졌고, 실제 데이터를 활용한 프로젝트 작업을 통해 통계학의 실용성을 체험했다. 다양한 통계 소프트웨어와 프로그래밍 언어를 익히며, 논문 작성에 대한 깊은 이해를 얻었다. 이를 토대로 연구원으로 취업하며, 선임연구원으로 근무하게 되었다. 군인분들과 책임연구원과 함께 '관통력수식을 이용한 직사화기 운동에너지탄의 실생활률 산출방법 연구'라는 주제로 연구하며, 한국군사기술학회에 발표할 수 있었다.

선임연구원으로의 업무를 책임감있게 수행하기 위해, 퇴근 후 2~3시간씩 수업을 해달라고 책임 연구원에게 부탁했다. 그래서 퇴근 후에 김 연구원과 나는 매일 2~3시간씩 책임 연구원의 수업을 듣고 공부했다. 또한 아침마다 《국방일브》를 통해 트렌드를 파악하고, 점심 시간마다 도서관에 가서 꾸준한 통계공부를 이어나가는 것은 나를 성장시키는 데 큰 도움이 되었다. 게다가 선임연구원으로서 국방과학연구소와 육군, 해군 등으로 출장을 다녔고, 학회와 세미나 등에 참여하여 연구를 접할 수 있었다. 이러한 경험들 덕분에 최근에는 학회나 세미나에 참여하는 것을 즐겁게 받아들여 배움을 이어가며 박사 졸업 논문을 쓰기 전, 졸업 요건에 맞는 학회발표와 논문을 투고할 수 있었다.

자신에게 투자하는 것은 단순히 지식이나 기술을 향상시키는 것을 넘어서, 자신의 삶의 질을 높이고, 인간관계의 질을 개선하는 데에도 중요하다.

자기 투자는 미래를 형성하는 결정적인 선택

우리는 삶이라는 여정에서 매 순간 선택의 기로에 서 있으며, 이 선택들은 우리의 미래를 형성하고, 우리가 누구인지를 정의한다. 그 중에서도 자신에게 투자하는 것은 가장 중요한 결정 중 하나이다. 자기 투자는 다양한 형태로 이루어질 수 있으며, 여러 분야에서 개인의 성장과 발전을 위한 투자 사례들이 있다. 이러한 투자는 단기적인 만족을 넘어서 장기적인 성장과 발전을 가져오며, 삶의 질을 향상시키는 데 큰 기여를 한다.

첫째, 지식과 교육에 투자하는 것은 마치 무한한 가능성의 문을 여는 열쇠와 같다. 새로운 기술이나 언어를 배우는 것은 우리의 지평을 넓히고, 새로운 커리어 기회를 탐색하는 데 도움을 준다. 온라인 강의나 워크샵에 참여하는 것은 지식의 바다에서 항해하는 것과 같으며, 프로그래밍 언어를 배우는 것은 새로운 커리어의 섬을 발견하는 것이다. 외국어 능력을 향상시키는 것은 글로벌 시장에서의 경쟁력을 갖추는 것이며, 이는 우리가 세계와 소통하는 방식을 변화시킨다.

둘째, 건강과 웰빙에 투자하는 것은 우리의 삶에 있어 가장 기본적이면서도 중요한 부분이다. 정기적인 운동, 요가, 명상 클래스에 참여하는 것은 우리의 몸과 마음을 조화롭게 하며, 건강한 식습관을 유지하기 위해 영양사와 상담하는 것은 우리의 신체적 건강을 최적화한다. 이러한 습관은 장기적으로 건강을 유지하고 생산성을 높이는 데 도움이 된다.

셋째, 개인적인 발전에 투자하는 것은 우리의 내면적 성장을 위한 것이다. 리더십, 커뮤니케이션, 시간 관리 등의 개인적인 기술을 개발하기 위해 코칭이나 멘토링 서비스를 이용하는 것은 우리가 직장에서뿐만 아니라 일상 생활에서도 성공적으로 행동할 수 있도록 도와준다. 이러한 기술은 우리가 세상과 소통하는 방식을 향상시키고, 우리의 관계를 강화한다.

넷째, 창의력과 취미에 투자하는 것은 우리의 삶에 색채를 더하고, 새로운 관점을 제공한다. 예술, 음악, 글쓰기 등 창의적인 활동에 시간과 자원을 투자하는 것은 우리의 감정을 표현하고, 스트레스를 해소하는 피난처가 된다. 이러한 투자는 우리의 삶을 더욱 풍요롭게 만들고, 삶의 만족도를 높인다.

　자신에게 투자하는 것은 자신감을 키우고, 새로운 도전에 대한 두려움을 줄이며, 인생의 다양한 상황에 대처할 수 있는 능력을 향상시킨다. 우리는 실패에서 배우고, 성공을 통해 자신감을 얻으며, 지속적인 자기 계발을 통해 더 나은 자신으로 거듭난다. 특히 자신에게 투자하는 것은 또한 인간관계를 풍부하게 만든다. 우리는 다른 사람들과의 관계를 통해 배우고, 성장하며, 서로를 지원한다. 이러한 관계는 우리의 삶에 깊이와 의미를 더하며, 우리가 세상과 소통하는 방식을 다채롭고 윤택하게 한다.
　우리는 모두 자신의 삶의 주인이며, 우리의 선택과 행동이 우리의 미래를 만든다. 자신에게 투자함으로써, 한 걸음씩 성장하며 더 밝은 미래를 향해 나아갈 수 있다.

뇌의 구조를 개선하는 습관의 황금률

365일 연습과 꾸준함을 통해,
취재기자로 성장하다

4

50군데 지원, 1군데 합격. 취재기자의 첫걸음

심각했던 코로나 상황으로 인해 초등학교에서 컴퓨터수업을 하기가 어려웠기에, 고향으로 내려갔다. 그 순간, 나가 애정하는 일, 맺어온 인연들이 모두 잊히고 사라졌다.

그러던 어느 날, 우연히 TV를 켰다. 화면 속에는 수많은 기사들이 흘러가고 있었고, 세상에는 내가 알지 못했던 사실들이 많았다. 그 일들을 알리는 사람들이 있었다. 그들은 취재기자들이었다. 그들의 열정과 전문성에 매료되었고, 사람들과의 대화를 통해 정보를 전달하는 그들의 삶이 내 안에 불을 지폈다. 그 순간, 나는 취재기자가 되기로 결심했다.

언론학을 전공하지 않았지만, 책을 읽고 기사를 보는 것을 즐기는 나에게는 그것이 유일한 희망이었다. 기자 채용 공고를 찾아보니 약 50군데가 있었다. 그것이 내 마지막 기회였다. 한 곳이라도 연락이 오길 바라며 모든 곳에 지원서를 보냈다. 그리고 기적적으로, 한 곳에서 연락이 왔다. 기쁜 마음으로 면접에 임하였다.

면접 당일, 국장님은 내 이력서를 읽으며 의아한 표정을 짓셨다. 언론과 관련된 경험이 없었기 때문이었다. 그래서 물었다.

"왜 취재기자가 되고 싶은 거죠?"

나는 내 안에 품고 있던 열정을 솔직하게 밝혔다.

"취재기자의 열정과 전문성이 세상을 알리는 데 큰 역할을 한다고 생각합니다. 언론학을 전공하지 않았지만, 끊임없이 연습하고 발전해 나가는 자세로 이 직업을 성실하게 수행할 자신이 있습니다. 매일 2~3시간씩 더 연습하고 노력하여, 최선을 다하겠습니다. 꼭 취재기자가 되고 싶습니다."

그리고 국장님은 마지막으로 물었다.

"매일 운동화에 무거운 카메라와 노트북을 들고 다녀야 하는데 체력적으로 괜찮겠어요?"

나는 종이 가방에서 운동화를 꺼내 보여드리며 답했다.

"저는 항상 운동화를 들고 다니며, 걷는 것을 즐기고, 이를 통해 체력을 유지하고 있습니다."

면접 후, 최종 합격 연락을 받았다. 출근 후, 국장님께 경제부 취재기자 명함을 받으면서 눈물이 흘렀다.

취재기자의 삶 속에서 발견하는 성장, 기사라는 것을 알다

취재기자로서 첫날부터 아침 일찍 출근해서 신문을 정리하고, 내 자리부터 선배님들 자리까지 청소했다. 선배님이 출근하시면 기사 관련 질문을 최대한 많이 물어봤다. 퇴근시간부터 저녁 8시까지는 오늘의 주요 기사, 또는 대기자님께 추천을 부탁드린 공부할 만한 기사들을 수십 번 따라 썼다.

매일매일 반복하며 3개월 동안 기사를 썼고, 그렇게 반복 끝에 기사 작성 방법을 익혔다. 혼자 남아 공부하는 모습을 보신 국장님께서는 서랍에 식사권을 선물로 두고 가셨다. 꾸준한 노력으로 취재기자로서 새로운 기회를 얻어 국회도 가보고 국토부, 볼보 등 다양한 곳에 취재를 갈 수 있게 되었다. 다양한 곳에서 여러 사람들을 만나며, 왼손에는 카메라를, 오른손에는 노트북을 들고 다니며 취재를 하면서 세상에 대해 더 많이 알게 되었다. 이러한 경험 덕분에 취재기자로서 성취감을 느끼며 더 좋은 기사를 쓰고자 했다.

기사를 쓸 때는 사실과 진실을 중요시하고, 객관적이고 공정하게 보도하려고 노력했다. 특히 독자의 관심과 필요를 고려하며, 명확하게 기사를 작성했다. 기사를 쓴 후에는 선배님과 대기자님, 국장님께 최종 피드백을 받고, 잘못된 부분은 수정하고, 부족한 부분은 보완하며, 좋은 부분은 유지하려고 했다. 일 년 넘게 취재기자로서의 삶을 통해 세상에 대해 배우고, 사람들에게 알리며, 더 나은 세상을 만들고자 했다. 생각의 힘은 자연스럽게 주어지는 것이 아니라, 연습과 훈련을 통해 발전시킬 수 있는 능력이었다. 이러한 연습과 훈련을 반복하니 습관이 됐고, 습관은 생각의 힘을 더욱 강화시켰다. 우리는 모두 생각의 힘을 가지고 있으며, 생각은 우리의 행동과 감정, 인식과 판단, 목표와 꿈을 결정하는 중요한 요소이다.

연습과 훈련은 목표 달성을 위한 필수 과정

연습과 훈련이란 무엇일까? 연습과 훈련이란 목표를 달성하기 위해 필수적인 과정이다. 이는 우리가 원하는 기술이나 지식을 습득하고 숙달하는 과정을 말한다. 예를 들어, 문제를 해결하려 할 때 해당 문제에 대해 배우고, 이해하고, 분석하고, 적용하는 것이 바로 연습과 훈련이다.

연습과 훈련을 통해 우리는 생각하는 힘을 키울 수 있다. 이는 뇌를 자극하여 활성화시키기 때문이다. 연습과 훈련 중에 뇌는 새로운 정보를 받아들이고, 기억하고, 처리하고, 연결한다. 이 과정을 통해 뇌는 신경세포와 시냅스의 수와 밀도를 증가시키고, 뇌의 구조와 기능을 개선한다. 결과적으로, 뇌는 더 많은 정보를 저장하고, 검색하고, 조합하고, 창조할 수 있는 능력을 갖추게 된다. 즉, 우리의 뇌는 더욱 창의적이며 강력해진다.

습관을 만들고 바꾸는 방법을 살펴보면, 습관은 신호, 반복 행동, 보상의 세 가지 요소로 구성된다. 신호는 습관을 시작하게 하는 자극이며, 반복 행동은 습관의 본질이고, 보상은 습관을 강화하는 결과이다. 습관을 형성하기 위해서는 이 세 가지 요소를 명확히 설정하고 반복적으로 실행해야 한다. 습관을 바꾸려면 기존의 신호와 보상을 유지하되, 새로운 반복 행동을 적용해야 한다. 이를 '습관의 황금률'이라고 한다.

습관의 황금률을 적용하기 위한 세 가지 단계는 다음과 같다.
1. 반복 행동 찾기 : 바꾸고자 하는 습관의 반복 행동을 정확히 파악한다.
2. 다양한 보상 테스트 : 습관의 보상을 찾아내기 위해, 반복 행동 후 다양한 보상을 시도하고 가장 만족스러운 것을 확인한다.
3. 신호 찾기 : 습관을 시작하게 하는 신호를 알아낸다. 신호

는 장소, 시간, 감정 상태, 타인, 직전의 행동 등 다섯 가지 범주로 나눌 수 있다.

이러한 과정을 통해 우리는 습관을 더 잘 이해하고, 필요에 따라 조정할 수 있게 된다. 연습과 훈련은 단순히 기술을 향상시키는 것을 넘어, 우리의 뇌와 습관을 변화시키는 강력한 도구이다.

성공을 위해서는 스승을 찾아라

목표를 이루려면,
나보다 나은 사람에게 배워야 한다

— 5 —

성공의 법칙, 배울 점 있는 분들과 함께하자

성공의 법칙은 우리가 배울 점이 있는 사람들과 학께할 때 발휘된다. 인생은 끊임없는 배움의 여정이다. 우리는 태어나서 죽을 때까지 다양한 지식과 기술을 배우며, 이를 적용하고 개선해 나간다. 배우는 것들은 우리 삶의 질과 행복에 큰 영향을 미친다. 그렇다면 우리는 어떤 것들을 배워야 할까? 바르 우리 삶에 긍정적인 변화를 가져다 줄 수 있는 것들을 배워야 현다.

인간관계는 삶의 질과 행복을 높이는 데 중요한 역할을 한다. 좋은 인간관계는 정신 건강과 신체 건강에 긍정적언 영향을 주며, 사회적 자본과 네트워크를 확장시켜 기회와 가능성을 넓혀

준다. 또한, 인간관계는 삶에 의미와 가치를 부여하며, 다양성을 더한다. 하지만 인간관계를 맺는 것은 쉽지 않다. 우리는 인간관계를 맺기 위해 많은 노력과 시간을 투자해야 하며, 소통하고 신뢰하며, 배려하고 협력해야 한다. 갈등과 문제를 해결하고, 타협하고, 용서하며 배우는 과정도 필요하다.

그렇다면 어떻게 인간관계를 맺을 수 있을까? 먼저 자신을 이해하고 사랑하며 발전시켜야 한다. 또한 다른 사람들을 이해하고 존중하며 인정하는 것도 중요하다. 인간관계를 맺기 위해서는 적극적이고 유연하며 책임감 있는 태도가 필요하다. 인간관계의 중요성을 인식하고, 이것이 삶의 차이를 만들며, 성공과 행복에 결정적인 역할을 한다는 것을 알아야 한다.

우리는 우리보다 더 나은 사람들을 만나야 한다. 그들은 우리에게 동기를 부여하고, 노력을 인정하며, 문제를 해결하고, 장점을 개선하는 데 도움을 준다. 코칭 전문가 맥스웰 몰츠는 '성공의 법칙'을 통해 우리가 우리보다 나은 사람들과 함께할 때, 그들의 품질과 특성이 우리에게 전염되어 우리의 수준을 높인다고 주장했다. 심리학자 알버트 반두라는 '모델링' 이론을 통해 우리가 우리보다 더 잘하는 사람들을 관찰하고 모방하며 학습함으로써 그들의 행동과 결과를 재현할 수 있다고 말했다.

행복학자 소니아 루보미르스키는 '행복의 공식'을 제시했다. 이 이론에 따르면, 우리의 행복은 유전적 요인(50%), 환경적 요인 (10%), 의도적 요인(40%)에 의해 결정된다. 의도적 요인은 우리가 선택하고 통제할 수 있는 부분으로, 우리의 태도와 감정, 습관과 행동, 가치와 목적을 포함한다.

결국, 우리가 배울 점이 있는 사람들을 만나는 것이 우리 삶의 차이를 만든다. 우리는 우리보다 더 잘하는 사람들, 다르게 생각하는 사람들, 더 행복한 사람들을 만나야 한다. 이것이 중요한 이유는 과학적으로 입증된 연구를 통해 알 수 있다. 우리는 삶에 긍정적인 변화를 가져다 줄 수 있는 것들을 배우며, 이를 통해 삶의 차이를 만들고, 더 풍부하고 의미 있는 삶을 살아야 한다.

지식의 습득을 넘어서 삶에 적용하고 공유하는 배움의 가치

나의 대학원 생활은 지식의 바다에서 헤엄치는 것과 같았다. 책과 논문 사이에서 나는 내 전공에 대한 깊은 이해를 추구했다. 그러나 학문적 여정은 예상치 못한 만남으로 인해 새로운 방향으로 나아갔다. 석사 과정에서 만난 중국 유학생 친구는 내 삶에 새로운 색을 더했다.

그녀는 다양한 활동으로 가득 찬 삶을 살며, 영어 동아리 활동을 통해 언어의 장벽을 넘어섰고, 협업 프로젝트를 통해 전공 지식을 실생활에 적용하는 법을 보여주었다. 그녀의 영향으로 나는 공부에 대한 새로운 시각을 갖게 되었고, 학문적 호기심이 새로운 열정으로 변모했다. 그녀의 교훈 덕분에 나는 박사 과정의 선생님들과 함께 연구 프로젝트에 참여하며, 지식을 실제 문제 해결에 적용하기 시작했다. 친구 인향이와 함께 국가지원사업을 준비하고 있는 지금, 그녀와의 인연은 배움이 단순히 지식의 습득이 아니라, 그 지식을 삶에 적용하고, 다른 이들과 공유하는 실제 행동으로 완성되는 것임을 깨닫게 해주었다.

스티브 잡스와 스티브 워즈니악, 오프라 윈프리와 필 도나휴의 사례처럼, 배울 점이 많은 사람들과의 만남은 우리의 장점과 단점을 인식하고 보완할 수 있는 기회를 제공한다. 새로운 시각과 지식을 얻을 수 있으며, 함께 무엇인가를 이룰 수 있는 힘을 발휘할 수 있다. 이러한 만남은 우리의 삶에 다양성과 풍부함을 더하고, 목표와 비전을 공유하며 서로의 장점을 살려 협력하는 과정에서 의미와 가치를 찾게 한다. 우리는 이러한 사례들을 통해 배울 점이 많은 사람들과의 만남이 얼마나 중요한지를 깨닫고, 우리 자신의 삶에도 적용할 수 있다.

우리는 서로에게서 배우고, 함께 성장하며, 더 큰 성취를 이루기 위해 노력해야 한다. 이것이 바로 배울 점이 많은 사람들과의 만남이 우리 삶에 가져다주는 가치이며, 성공으로 가는 길에 있어서 누구를 스승으로 삼는지가 중요한 까닭이다.

성공의 길은 끊임없는 배움과 성장, 그리고 서토의 지식과 경험을 공유하는 것에서 시작된다. 우리는 이러한 과정을 통해 더 나은 자신이 되고, 성장하고 의미 있는 삶을 살아갈 수 있다. 그러므로, 우리는 항상 배울 준비가 되어 있어야 하겨, 새로운 만남과 경험을 통해 삶을 더욱 풍요롭게 만들어야 한다.

인간관계 속에서 통찰이 생겨난다

타인과 좋은 관계를 맺기는
성공과 성장의 가능성을 높인다

— 6 —

길을 잃지 않게 하는 인간 관계의 나침반

인생이라는 여정은 때때로 우리를 지식의 바다 한가운데로 이끌며 길을 잃게 만든다. 그러나 때로는, 우리가 맺고 있는 인간 관계가 가장 중요한 나침반 역할을 한다.

현대 사회에서는 '노하우(Know-how)'보다 '노후(Know-Who)'가 더욱 중요해졌다. 올바른 사람들과의 관계를 통해 필요한 정보와 지식을 얻고 문제를 해결할 수 있기 때문이다. 예를 들어, 테니스를 배우고자 할 때 경험 많은 선수들과의 친분을 통해 더 빠르고 효과적으로 배울 수 있다.

사례를 들어보면, 전선호 선배는 42세에 석사 과정을 시작하여 49세에 교육공학 분야에서 박사학위를 취득했다. 이는 시간과 노력뿐만 아니라, 지속적인 학습과 성장, 그리고 주변 사람들과의 관계를 통해 가능했다.

그는 박사 과정 초기에 수원에서 졸업한 선배와 재학생들과의 저녁식사에 참석하기 위해 파주에 있는 회사와 고양시에 있는 집에서 멀리 떨어진 장소까지 갔다. 그에게 이러한 모임은 단순한 사교의 장이 아니라, 지식과 경험을 공유하고 서로를 지원하는 소중한 시간이었다.

타인과의 관계는 우리에게 알지 못했던 정보를 얻는 길이며, 선배의 경험과 노하우는 생활에서 큰 도움이 된다. 연구와 과제 수행에 있어서도 다양한 시각을 제공받을 수 있으며, 이는 개인과 조직의 성장에 기여한다. 그의 박사 학위 취득은 선배님과 동료들의 도움 없이는 불가능했을 것이다. 좋은 관계는 대학원 생활뿐만 아니라 사회생활에서도 중요하다. 타인과 좋은 관계를 맺기 시작하면 성공과 성장의 가능성이 높아진다.

일상생활에서 학문적 성취를 넘어서 인간관계와 네트워킹은 중요한 장이다. 특히 선배님들과의 만남은 정보 교환을 넘어서 삶의 지혜와 경험을 공유하는 소중한 시간이다. 이러한 관계를 통해 더 넓은 세계를 경험하고, 다양한 관점을 이해할 수 있다. 또한, 이러한 관계는 우리가 직면할 수 있는 어려움을 극복하는 데 큰 힘이 된다.

사람의 관계는 학문적 조언을 넘어서 인생의 멘트가 될 수 있다. 그들의 경험은 우리에게 나아갈 방향을 제시하고 때로는 예상치 못한 기회의 문을 열어줄 수 있다. 이러한 관계는 학문적 여정 뿐만 아니라 인생의 여정에서도 중요한 역할을 한다.

결국, 생활에서의 관계 맺기는 단순한 네트워킹을 넘어서, 인생을 풍요롭게 만드는 중요한 요소이다. 우리는 이러한 관계를 통해 새로운 지식을 얻고, 삶의 의미를 발견하며 더 나은 미래를 향해 나아갈 수 있다. 생활에서의 관계 맺기는 학문적 성취를 넘어서, 인생의 큰 자산이 될 수 있다.

하버드 대학교의 인간 관계에 대한 연구는 우리에게 귀중한 통찰을 제공한다. 이 연구는 수십 년에 걸쳐 인간의 삶에 대한 깊은 이해를 제공하며, 가족, 친구, 공동체와의 긴밀한 관계가 우리의 행복과 건강에 얼마나 중요한지를 강조한다. 이러한 관계는 우리가 더 오래, 더 건강하게, 그리고 더 만족스럽게 살 수 있도록 돕는다. 반면, 고립은 우리의 정신적, 신체적 건강에 부정적인 영향을 미친다.

또한 인간 관계는 우리에게 정서적 안정감을 제공하며, 스트레스에 대한 대처와 회복을 돕는다. 자기신뢰와 자율성, 일관되고 균형 잡힌 자아정체감, 심리적 안정감, 자아존중감을 높이고, 일반적인 행복감을 증대시킨다. 건강한 생활습관을 촉진하고, 우울증, 불안과 같은 정신 건강 문제의 위험을 감소시키는 것으로도 알려져 있다.

일상에서 긍정의 에너지를 키우는 방법

첫째, 듣는 능력을 향상시켜보기. 상대방의 말을 주의 깊게 듣고 이해하려 노력하며, 그들의 메시지에 공감한다. 이는 소통의 기본이며, 상대방이 존중받고 있다고 느끼게 하는 중요한 방법이다.

둘째, 공감을 실천해보기. 상대방의 입장에서 바라보고 그들의 감정을 이해하려 노력한다. 이는 관계를 강화하고 신뢰를 구축하는 데 필수적이다.

셋째, 자신감을 키워보기. 자신을 믿고 상대방에게 신뢰를 보여주는 태도를 갖는다. 자신감은 상호 작용에서 긍정적인 에너지를 발산하고, 상대방에게도 긍정적인 영향을 미친다.

넷째, 미소를 지어보기. 미소는 상대방과의 관계를 개선하는 간단하면서도 효과적인 방법이다. 미소는 친근감을 높이고 긍정적인 분위기를 조성한다.

다섯째, 좋은 매너를 유지해보기. 상대방을 존중하고 친절하게 대하며, 기본적인 매너를 지킨다. 예의는 인간 관계에서 가장 기본적이면서도 중요한 요소이다.

이러한 방법들을 통해 인간 관계를 발전시키고, 상대방과의 소통과 이해를 높일 수 있다. 서로를 이해하고 위하며, 서로에게 긍정적인 영향을 미치는 관계를 통해 삶의 질을 향상시킬 수 있다.

인간 관계는 단순한 연결을 넘어서, 우리의 삶에 깊이와 의미를 더하며, 우리가 직면하는 어려움을 극복하고 성장하는 데 필수적인 요소이다. 따라서, 이러한 관계를 소중히 여기고, 지속적으로 발전시키려는 노력은 우리 삶의 중요한 부분이 되어야 한다.

좋은 아침 루틴은 성공의 필요조건!
아침 루틴을 잘 활용하면,
스스로를 성장시키는 큰 힘이 된다

7

잠과 무기력을 이겨내려면 아침 루틴의 습관이 중요하다

아침은 새로운 시작을 알리는 신호탄이다. 우리의 하루는 아침에 내린 첫 번째 결정으로부터 방향을 잡는다. 바쁜 취재기자로서의 일상에서, 나는 출근과 퇴근 사이 지친 시간들에 자연스레 잠이 들곤 했다. 시간이 흐르는 것을 느끼며, 나는 그저 그 흐름에 몸을 맡기며 하루를 보냈다.

하지만 취재기자분들과 함께 특집기사를 준비하며 매일 국장님을 뵙는 것은 내 삶에 큰 변화를 가져왔다. 30년 간 기자 생활을 하며 한 분야에서 전문가로 성공을 이룬 국장님은, 매일 뉴스, 신문, 책을 읽으며 하루를 시작했다. 책으로 가득 찬 책상, 기사 작성, 취재 등 바쁜 일정 속에서도 그분의 아침 루틴은 변함 없었다. 국장님의 삶을 관찰하면서, 내면이 강화되고 한 분야에서 인정받기 위해서는 나만의 아침 루틴이 필수적이라는 것을 깨달았다.

취재 중 예상치 못한 사건이 발생한 적이 있었다. 취재를 갔을 때, 인터뷰에 응해준 사람이 기사 내용을 보고 마음에 들지 않는다면서 화를 내며 기사 삭제를 요구했고, 이는 나에게 큰 충격이었다. 처음 겪는 일에 당황스러웠고, 취재기자로서의 회의감마저 들었다. 그러나 국장님은 내가 우는 모습을 보시고, 취재기자로서 이런 일은 생길 수 있다며, 신념을 잃지 않고 사실적인 기사를 쓰는 것이 취재기자의 본분이라고 말씀하셨다.

그렇게 나는 매일 밤, 내면을 강화시키기 위해 다음 날을 위한 계획을 메모장에 세우기 시작했다. 출퇴근길에는 취재기자 성공 스토리가 담긴 책을 읽고, 긍정적인 문장을 읽으며, 뉴스를 시청하고, 신문기사를 읽는 것을 아침 일과로 정하고 실천했다. 이러한 아침 루틴은 나에게 긍정적인 사고방식을 만드는 데 큰 도움이 되었고, 시간이 흐르면서 읽은 책들과 신문 기사가 쌓이면서 내면도 점점 더 단단해졌다.

또한 업무가 많을 때는 '긍정적인 에너지를 주는 책 읽기'와 노트에 10번 따라쓰기를 30일간 실천하며, 어려운 상황에도 긍정적으로 대처하려 노력했다. 그 결과, 일 년 넘게 취재기자 생활을 하면서 힘든 일이 생겨도 상처받지 않고 긍정적으로 생각하는 능력을 기르게 되었다.

아침 루틴을 잘 활용하면, 하루를 보람 있게 마무리할 수 있고, 시간이 갈수록 스스로를 성장시키는 큰 힘이 된다. 아침 루틴을 통해 긍정의 힘을 기르자 영어 사법통역사 자격증, 심리자격증 등을 3개월 만에 취득할 수 있었다.

아침 루틴은 단순한 일과의 시작을 넘어서, 우리가 하루를 주도하며 내면을 성장시키는 강력한 도구다. 아침 루틴을 통해 우리는 더 긍정적이고 생산적인 하루를 만들 수 있으며, 이는 결국 우리 삶의 질을 한층 더 높이는 길이 된다.

아침 루틴은 내 삶의 나침반과 같아, 언제나 올바른 방향을 제시해준다. 그것은 내가 세상과 마주할 때 더욱 단단하고 자신감 있는 모습으로 임할 수 있게 해주는 원동력이 된다. 아침 루틴은 우리의 삶을 변화시키는 강력한 힘을 가지고 있다.

아침 루틴의 중요성과 개선하는 방법

성공한 CEO들의 아침 루틴에 관한 연구는 대부분의 CEO들이 평일 아침 6시 이전에 일어난다고 밝히고 있다. 그들은 일찍 일어나는 습관이 성공으로 가는 지름길이 될 수 있다고 믿는다. 일찍 일어나는 것은 인지 기능을 향상시키고, 학습, 사고, 추론, 기억, 문제 해결, 의사결정 능력을 좋아지게 하며, 삶 전반에서 더 행복함을 느끼게 한다고 알려져 있다.

아침 루틴은 단순한 습관을 넘어서, 정신 건강과 일상 생활에 중요한 영향을 미칠 수 있다. 아침 루틴을 통해 하루를 시작하는 것은 전반적인 웰빙과 성공적인 삶을 위한 기반을 마련하는 것이다. 아침 루틴을 잘 설정하고 유지하는 것은 개인의 성공과 밀접한 관련이 있으며, 이를 통해 긍정적인 변화를 경험할 수 있다.

성공한 사람들의 아침 습관은 그들의 성공에 중요한 기여를 한다.

1. **일찍 일어나기** : 많은 성공한 사람들은 새벽에 일어나는 습관을 가지고 있으며, 이는 그들에게 하루를 준비하고 중요한 작업에 집중할 수 있는 시간을 제공한다.
2. **건강한 아침 식사하기** : 영양가 있는 아침 식사는 하루 동안 필요한 에너지를 제공하고, 집중력과 기억력을 향상시킨다.
3. **계획 세우기** : 성공한 사람들은 아침에 그날의 계획을 세우고, 중요한 일정이나 할 일 목록을 확인한다.
4. **감사 일기 쓰기** : 감사한 일들을 메모하는 것은 긍정적인 태도를 유지하고, 하루를 기분 좋게 시작하는 데 도움이 된다.

이러한 습관들은 개인의 성공뿐만 아니라, 전반적인 웰빙과 삶의 질을 향상시키는 데 중요한 역할을 한다. 성공한 사람들의 아침 습관을 참고하여 자신만의 루틴을 만들어보는 것도 좋은 방법일 수 있다.

아침 루틴을 관리하고 개선하는 데 도움이 되는 몇 가지 앱은 다음과 같다.

- **마이루틴**(MyRoutine) : 마이루틴은 사용자의 일상적인 습관을 관리하고 개선하는 데 도움을 주는 앱이다. 사용자는 마이루틴의 템플릿을 사용하여 쉽게 루틴을 설정할 수 있으며, 루틴 달성률을 신호등으로 확인할 수 있다. 또한, 다른 사용자들의 루틴과 회고를 보며 긍정적인 자극을 받을 수 있으며, 위젯, 아이패드, 애플워치 등 다양한 기기에서 사용할 수 있다.
- **데이스탬프** : 데이스탬프는 사용자가 좋은 습관을 쉽게 만들고 유지할 수 있도록 도와주는 앱이다. 매일 습관을 달력에 표시하고, 도장이 늘어날 때마다 사용자의 뿌듯함을 증가시킨다. 로그인이 필요 없으며, 각 항목마다 색상을 적용할 수 있고, 출석 체크에 자세한 내용을 기록할 수 있는 메모 기능, 통계 기능, 알림 기능 등을 제공한다.
- Habitify : Habitify는 개인 맞춤형 습관 추적 앱으로, 사용자의 일상을 간소화하고 목표를 달성하는 데 도움을 준다. 사용자가 습관을 추적하고, 진행 상황을 모니터링하며, 습관 형성에 성공할 수 있도록 다양한 도구를 제공한다. 내장 타이머, 내장 노트, 기분 추적, 개인정보 보호 잠금, Apple 건강 및 Google 피트니스와의 동기화 등의 기

능을 갖추고 있다.

이 앱들은 아침 루틴을 성공적으로 만들고 유지하는 데 도움이 될 것이다. 각 앱의 특징과 기능을 고려하여, 라이프스타일과 목표에 가장 적합한 앱을 선택해보는 것이 좋다.

글로벌 네트워킹은 긍정적 사고를 촉진한다

다양한 국가의 친구들과 네트워킹하여,
새로운 관점을 얻는 방법

~~~ 8 ~~~

4차 산업혁명 시대, 글로벌 네트워킹의 중요성

글로벌 네트워킹은 4차 산업혁명 시대에 더욱 중요해지고 있다. 《하버드 비즈니스 리뷰》에 따르면, 혁신적인 아이디어는 종종 자신의 전문 분야가 아닌 유사 분야에서 발생한다. 이는 다양한 배경을 가진 사람들과의 교류를 통해 새로운 관점을 얻을 수 있음을 의미한다. 이러한 교류는 확산적 사고를 촉진하고 창의적인 문제 해결에 기여할 수 있다.

긍정적인 사고와 성공의 관계에 대한 연구는 긍정심리자본이 주어진 과업에 더 많은 노력과 긍정적인 동기부여를 통해 성과에 기여한다고 밝힌다. 또한, 직장에서의 행복과 보람, 만족과 같은 삶의 다양한 측면들에 긍정적인 영향을 미칠 수 있다.

세계보건기구(WHO)의 보고서는 심리적 경험보고를 통해 스트레스 상황에 대한 인지, 생각과 감정적인 반응을 체계적으로 묻고 답하는 것이 스트레스 해소에 도움이 된다고 설명한다. 이는 다양한 문화적 배경을 가진 사람들과의 소통이 개인의 심리적 안정에 긍정적인 영향을 줄 수 있음을 나타낸다.

다양한 국가의 사람들과의 만남은 긍정적인 사고를 촉진하고, 성공적인 삶을 위한 다양한 기술과 지식을 배울 기회를 제공한다. 이러한 만남을 통해 새로운 아이디어와 관점을 얻을 수 있으며, 이는 개인의 창의력과 혁신적인 문제 해결 능력을 향상시킬 수 있다.

기술의 발전은 사람들 간의 연결을 강화하고 있으며, 특히 디지털 플랫폼의 역할이 중요해지고 있다. LinkedIn, Meetup, Innocentive, Kaggle 등의 플랫폼은 전문가들이 네트워크를 구축하고, 특정 관심사나 목적을 공유하는 사람들이 만나고 교류할 수 있도록 도와준다. 이러한 플랫폼들은 사용자들이 서로의 경험과 지식을 공유하고, 협력하며, 새로운 기회를 창출하는 데 기여하고 있다.

4차 산업혁명 시대에는 이러한 플랫폼들을 통해 전 세계 어디서나 다양한 사람들과 만나고 소통하는 것이 가능해진다. 기술의 발전이 가져오는 변화를 잘 활용한다면, 우리는 더욱 넓은 세계와 연결될 수 있다. 이러한 글로벌 네트워킹은 개인의 성공과 긍정적인 사고에 중요한 영향을 끼치게 될 것이다.

네트워킹의 중요성과 긍정적인 영향

따스한 햇살 아래에서, 매주 화요일마다 다양한 문화와 언어를 지닌 친구들과 만나 서로의 삶과 꿈을 나누었다. 필란트로피 수업을 통해, 우리는 단순한 지식 전달을 넘어 서로의 마음을 이해하고 연결되는 고리를 찾기 시작했다. 이 토론 수업에서 나는 다양한 국가의 친구들과 네트워킹하며 많은 것을 배웠고, 그 가치를 인식하여 작년에 이어 올해도 계속해서 이 수업에 참여하고 있다.

다양한 국가의 친구들과의 네트워킹은 여러 가지 이유로 중요하다.

첫째, 문화적 이해의 증진을 통해 우리는 서로 다른 배경을 가진 사람들의 가치와 관점을 배우고 존중하게 된다.

둘째, 글로벌 네트워크는 국제적인 커리어 기회를 확장하고, 다양한 문화적 배경을 가진 전문가들과의 관계를 구축하는 데 도움이 된다.

셋째, 사회적 지지를 통해 우리는 어려움을 극복하고 목표를 달성하는 데 필요한 격려와 지원을 받는다.

넷째, 협력과 혁신은 다양한 아이디어와 경험을 공유함으로써 창의성과 혁신을 촉진한다.

이러한 네트워킹은 개인적인 성장뿐만 아니라 사회 전체의 발전에도 기여한다. 우리가 함께 나눈 경험과 배움은 우리의 마음속에 영원히 남으며, 이는 우리 모두에게 긍정적인 영향을 미칠 것이다.

어느 날, 나는 친구들에게 보육원에 간식을 기부하자는 제안을 했고, 친구들은 이에 적극적으로 응답했다. 이 제안은 우리 모두에게 새로운 목표를 제시했고, 우리는 이 목표를 실현하기 위해 노력했다. 기부금을 모으고, 간식과 옷을 구매하여 보육원에 전달하는 과정은 우리에게 많은 것을 가르쳐 주었다.

기부를 하는 과정 중에 각 국가의 기부 문화에 대해서 배울 수 있었다. 조지아에서 온 친구는 전쟁국가의 기부에 대한 중요성을, 일본에서 온 친구는 재난 지원을 위한 기부의 중요성을, 중국에서 온 친구는 교육 기회 확대를 위한 장학금의 중요성을 각각 열정적으로 이야기했다. 이러한 교류는 우리에게 서로의 경험을 공유하고, 세계 곳곳의 도전과 기회에 대해 배우는 소중한 시간이었다. 이 경험은 디지털 시대의 혁신과 변화를 이해하는 새로운 시각을 제공했다. 기술 발전이 가져오는 사회적, 윤리적 문제에 대해 더 깊이 생각하고 토론할 수 있는 기회를 가졌다. 우리는 미래 사회의 구성원으로서 적극적으로 참여해야 할 책임감을 느꼈다.

우리의 네트워킹은 단순한 만남을 넘어, 지속 가능한 발전을 위한 협력의 장으로 발전했다. 문화적 이해와 상호 존중을 바탕으로, 지구라는 우리의 공동 집을 돌보는 방법을 배웠다.

친구들이 각자의 나라로 돌아가더라도, 우리가 함께 나눈 경험과 배움은 우리의 마음속에 영원히 남을 것이다. 기부와 자선이라는 공통의 언어로 하나가 될 수 있음을 증명했다.

결국, 4차 산업혁명 시대에는 이러한 플랫폼들을 통해 전 세계 어디서나 다양한 사람들과 만나고 소통하는 것이 가능해지고 있다. 기술의 발전이 가져오는 이러한 변화를 잘 활용한다면, 우리는 더욱 넓은 세계와 연결될 수 있을 것이다.

꿈을 자신 있게 말하라. 그러면 현실이 된다

생각의 발화는 변화로,
변화는 성취로는 이어진다

9

목표 설정과 공유가 개인의 성취에 미치는 영향
: 인하대학교에서의 첫 특강

사회생활을 처음 시작했을 때, 나는 교수가 되겠다는 큰 꿈을 품었다. 이 꿈은 나를 공부하게 만들었고, 나는 주변 사람들에게 "꼭 교수가 되고 싶다"라고 말하며, 낮에는 근무를 하고 밤에는 학위를 취득하기 위해 공부를 하기 시작했다. 그러던 중, 미인대회 출신의 제자 주현이를 통해 예상치 못한 행운의 기회가 생겼다. 영화제에서 미인대회 수상자들을 초청하여 참석하게 되었고, 거기에서 그녀는 숭실대학교의 외국인 교수님을 알게 되었다. 외국인 교수님께서 대학교에서 학생들을 가르치고 있다고 얘기하니, 주현이는 "우리 이사님도 교수가 꿈이에요."라고 나의 꿈과 경력에 대해 이야기했고, 외국인 교수님은 ㄴ의 이력서를 요청했다.

그렇게 나는 외국인 교수님께 이력서를 보냈다. 외국인 교수님께서는 나에게 인하대학교에서 특강을 제안했다. 그 기회를 통해 인하대학교에서 초빙특강 강사로 첫 강연을 하게 되었다. '나만이 가지고 있는 꿈을 실현하는 방법과 내 인성이 콘텐츠가 되다'라는 주제로 강의를 하였다. 이후 학생들과 고수님들로부터 긍정적인 피드백을 받았다. 그 중 한 학생이 '이 강의가 하버드 강의보다 좋았다'라고 감동적인 피드백을 강의 후기에 적었다고 교수님으로부터 전달받았다.

이러한 경험은 나에게 목표를 향해 한 걸음 더 나아갈 수 있는 큰 자신감을 주었다. 석사를 졸업한 직후, 박사과정으로 교육공학과에 입학하여 연구를 시작했다. 그리고 매 학기 인하대학교에서 초빙특강 강사로 활동하고 있으며, 더불어 강동대학교, 한남대학교, 교육원, 초중고등학교에서도 강의 경력을 쌓아가며 나의 꿈이 점점 현실로 다가오고도록 노력하고 있다.

꿈을 자신 있게 말하는 것이 목표 달성에 도움이 된다는 주제에 대한 연구 결과는 다양한 학문 분야에서 찾아볼 수 있다. 이러한 연구들은 목표 설정과 공유의 심리학적 효과를 탐구하며, 개인의 성취와 성공에 긍정적인 영향을 미친다.

꿈을 자신 있게 말하는 것의 중요성 : 개인의 잠재력 실현

꿈을 자신 있게 말하는 것은 개인의 성장과 성공에 있어 중요한 역할을 한다. 이는 단순히 긍정적인 생각을 넘어서, 실제 행동 변화와 성취로 이어질 수 있는 힘을 가지고 있다. 목표를 공유하는 것은 개인이 자신의 꿈을 현실로 만드는 데 중요한 단계가 될 수 있으며, 이는 개인의 성공뿐만 아니라 그들이 속한 커뮤니티에도 긍정적인 영향을 미칠 수 있다.

자기 확신의 증가는 꿈을 말하는 행위가 개인에게 미치는 첫 번째 긍정적인 영향이다. 목표에 대해 말함으로써 개인은 자신의 목표에 대해 더 확신하게 되고, 이는 필요한 자기 효능감을 강화하여 행동을 취하고 목표를 향해 나아가는 데 도움이 된다. 자기 확신은 개인이 자신의 능력을 믿고, 어려움에 직면했을 때 굴하지 않고 전진할 수 있는 힘을 제공한다.

동기 부여의 강화는 꿈을 공유함으로써 발생하는 또 다른 중요한 현상이다. 목표를 다른 사람과 공유할 때, 개인은 자신의 목표에 대한 책임감을 느끼게 되며, 이는 지속적인 동기 부여로 이어진다. 동기 부여는 목표를 향한 일관된 노력을 유지하는 데 필수적이며, 이는 결국 성공적인 결과로 이어질 수 있다.

사회적 지지의 획득은 꿈을 공유함으로써 얻을 수 있는 세 번째 이점이다. 개인이 자신의 꿈을 주변 사람들과 공유할 때, 그들은 격려와 지원을 받을 수 있으며, 이는 어려움을 극복하고 목표를 향해 나아가는 데 중요한 역할을 한다. 사회적 지지는 개인이 도전에 맞서 싸울 때 필요한 정서적 안정감과 자원을 제공한다.

행동의 조정은 목표를 말함으로써 발생하는 네 번째 긍정적인 결과이다. 개인은 자신의 행동을 목표에 맞추어 조정하게 되며, 이는 목표 달성을 위한 구체적인 계획을 세우는 데 도움이 된다. 행동의 조정은 목표를 향한 구체적인 단계를 밟아 나가는 데 필수적이며, 이는 성공적인 결과를 얻는 데 중요한 요소이다.

이러한 연구 결과들은 목표를 자신 있게 말하는 것이 단순히 긍정적인 생각을 넘어서 실제 행동 변화와 성취로 이어질 수 있음을 시사한다. 목표를 공유하는 것은 개인이 자신의 꿈을 현실로 만드는 데 중요한 단계가 될 수 있으며, 이는 개인의 성공뿐만 아니라 그들이 속한 커뮤니티에도 긍정적인 영향을 미칠 수 있다.

현실적인 목표를 설정하는 것은 사람들이 스트레스 수준을 줄이고 성공 달성 능력에 대해 더 자신감을 가질 수 있도록 한다. 이는 목표를 설정하고 공유하는 것이 개인의 정서적 안정과 자신감에도 긍정적인 영향을 미칠 수 있음을 나타낸다.

꿈을 자신 있게 말하는 것은 개인의 성장과 중요한 역할을 하며, 목표 달성의 과정에서 중요한 요소로 작용한다. 따라서 꿈을 말하는 것은 단순한 표현을 넘어서, 개인이 자신의 잠재력을 실현하고 성공적인 결과를 얻는 데 기여하는 행위로 볼 수 있다. 이러한 행위는 개인의 삶뿐만 아니라 그들이 속한 커뮤니티에도 긍정적인 변화를 가져올 수 있으며, 이는 궁극적으로 사회 전체의 발전에 기여할 수 있다.

씽킹파워 사례 2

❶ 한양대학교 교육공학과 송영수 교수
❷ 국내 최다 타이틀 미인대회 10관왕 이예령

10

❶ 리더십은 지위나 직책이 아니라 실천이다
: 한양대학교 교육공학과 송영수 교수

생각의 힘은 인간의 삶에 지대한 영향을 미치며, 우리의 신념과 태도는 결국 우리의 현실을 창조한다. 존경하는 송영수 교수님의 리더십 철학과 '미인대칭' 실천사례는 이러한 생각의 힘을 활용하여 개인의 성공뿐만 아니라 팀과 조직의 성장으로 나아가는 길을 제시한다. 리더십은 단순히 권력의 상징이 아니라, 영감을 주고 변화를 이끌며 잠재력을 발견하고 공동의 비전과 목표를 달성하는 과정으로 말할 수 있다.

삼성그룹의 리더십과 인력개발(HRD) 분야에서 22년간 활약한 후, 대한리더십학회장을 거쳐 한양대학교 리더십센터장으로

15여 년간 활동하면서 교육공학과 교수로 계시는 송 교수님은 리더십의 전문가다. 〈경영자의 리더십과 조직문화〉, 〈변화의 시대가 요구하는 리더십〉, 〈차세대 글로벌 리더를 위한 리더십〉, 〈리더의 조건〉 등 다양한 주제로 강연하시며, 〈리더웨이〉, 〈리더가 답이다〉, 〈인 아웃 코칭〉, 〈리더다움〉 등의 저서를 출간하셨다. 교수님의 철학은 리더가 팀원들의 성공을 위해 헌신함으로써 조직의 성공으로 이어진다는 믿음에 기반하고 있으며, 꿈을 꾸고 그것을 실현하기 위한 실천노력의 중요성을 강조한다.

'**미인대칭**'은 리더가 조직 내에서 긍정적인 에너지를 활성화하는 전략으로, '**미소**', '**인사**', '**대화**', '**칭찬**'을 포함한다.

미소는 강력한 리더십 도구로서, 팀원들에게 긍정적인 신호를 보내고 신뢰를 구축한다. 높은 자살률에도 불구하고, 미소와 웃음은 사람들의 마음을 밝게 하고 걱정을 줄이는 데 도움이 된다. 오래 전 공중파TV만 보던 시절 오랜 기간 인기를 모았던 〈웃으면 복이 와요〉라는 프로그램은 이러한 긍정적인 효과를 잘 보여준다. 복이 와서 웃는 것이 아니라 웃다보면 복이 온다는 말이다. 훌륭한 사람이라 올바른 행동을 한다기보다는, 올바른 행동을 통해 누구나 훌륭한 리더가 될 수 있는 것이다.

아침 인사는 하루를 행복하게 시작하는 방법이다. 인사는 사람들 사이의 기본적인 소통 방식으로, 리더가 먼저 인사를 건네는 것은 겸손과 존중의 표현이다. 리더가 구성원을 '존중'으로 대하면 그들은 리더에게 '존경'으로 화답한다.

대화는 리더가 팀원들의 의견을 듣고 아이디어를 존중하며 문제를 해결해 나가는 과정이다. 특히 대화를 통한 소통은 비공식적으로 자주 하는 것이 효과적이다. 일부 회사에서 '리더들이 운영하는 포장마차'같은 비공식 활동이 대표적인 예가 될 수 있다. 중요한 행사를 성공적으로 마쳤을 때 리더의 칭찬과 격려가 담긴 문자메시지가 피곤한 몸으로 귀가 하는 팀원에게 큰 격려가 될 것이다.

칭찬은 팀원들의 성과를 인정하고 동기부여를 강화하는 방법이다. 연봉, 승진, 상장 등 과거의 외적 동기부여보다는 칭찬과 인정, 신뢰, 코칭, 위임 등 내적 동기부여 더욱 중요해지는 시대가 되었다. 미인대칭은 리더가 돈 한 푼 안 들이고 구한대로 효과를 볼 수 있는 강력한 리더십 스킬이다.

결론적으로, 리더십은 긍정적인 생각의 힘을 통해 현실화되며, 모든 구성원이 함께 성공으로 나아가는 길을 만든다. '미인대칭'은 리더십의 실천적인 면모를 강조하며 조직의 활성화를 이끌어내는 강력한 전략으로 자리매김하고 있다. 이러한 리더십의 본질을 이해하고 실천하는 것이 바로 인생을 변화시키는 생각의 힘이다.

❷ 쉽게 포기하지 않고 될 때까지 꾸준히 도전한다
: 국내 최다 타이틀 미인대회 10관왕 이예령

나의 미인대회 선배이자 친언니같은 이예령 선배님은 자신의 경험을 통해 생각의 힘을 발견하고 꿈을 이루는 방법을 찾았다. 그녀가 처음 미인대회에 출전한 계기는 자존감을 회복하기 위해서였다. 5살 때 사고로 크게 다친 후 3번의 큰 수술을 겪으면서 생긴 소심한 성격, 가난한 집안 형편, 초등학교 3학년 때 돌아가신 아버지의 부재로 인한 불우한 가정 환경으로 자신감과 자존감이 부족했던 그녀는 재수 후에도 원하는 결과를 얻지 못해 좌절했다. 인생에서 단 한 번도 자신의 뜻대로 되지 않는 상황들을 보며 패배자가 된 것 같은 기분을 느꼈다. 그즈음 우연히 발견하게 된 미인대회 공고를 보고 지원했지만 서류에서 탈락의 고배를 마셨다. 하지만 그렇게 포기한다면 자신의 불행을 인정하게 되는 것 같았고, 인생에서 한 번은 원하는대로 무언가를 이루어 보고 싶다는 오기가 생겼다. 그래서 다른 대회에 도전했지만 또 다시 예선 탈락을 했고, 될 때까지 해보겠다는 집념을 가지게 되었다. 네 번째 출전한 대회에서는 참가자 중 키가 가장 작았지만, '나만의 장점을 강점으로 만들겠다'라는 생각으로 마인드 컨트롤을 했고 합숙 내내 최선을 다해 무대를 준비했다. 늘 웃으면서 즐겁게 대회에 임했고, 밤새워 무대 퍼포먼스를 연습했다. "너는 키가 작아서 안 돼" 등 합숙 중에 여러 후보가 하는 말에도 휘둘리지 않기로 했다. '내 키가 작으면 내 끼를 더 보여주면 되는거야!' 어차피 바꿀 수 없는 문제라면 다른 강점들을 더 부각시켜야겠다고 마음 먹었다. 합숙이 끝날 때쯤 모두가 지쳐 연습에 대충 임할 때도 그녀는 단 한 순간도 흐트러진 모습을 보이지 않으려 노력했다. 가장 먼저 일어나 헤어메이크업을 하고 잠깐 짬이 날 때는 대회 관련 공부를 하거나 마인드 컨트롤을 위한 책을 읽었다. 결국 그녀는 그 대회에서 장신의 후보들을 제치고 2위를 수상할 수 있었다. 2위에 자신의 이름이 불리는 그 순간, 포기하지 않는다면 결국 해낼 수 있다는 큰 깨달음을 얻었다.

이후 다양한 미인대회에 출전하며 수상을 거듭했고, 결국 1등의 자리에 오르며 대한민국 최다 미인대회 타이틀 보유자가 되었다. 미인대회는 그녀에게 자존감을 높이고, 사람들의 인정을 받으며 자신의 가치를 높일 수 있는 기회가 되었다.

대회 준비 과정은 늘 힘들었다. 다른 후보들은 관련 학원을 다니거나 도움을 받았지만 금전적 여유가 없었던 그녀는 혼자서 준비를 할 수밖에 없었다. 다른 후보자들은 부모님이나 보조해 주시는 분들이 매번 동행하며 모든 부분을 다 도와 주었지만, 그녀는 캐리어에 한가득 짐을 싸서 대중 교통으로 전국을 이동하며 혼자 모든 것을 해결해야 했다. 도움을 받을 곳이 없으니 대회 준비를 위해 책, 유튜브, 인터넷, 잡지, 신문, 방송 등 다양한 자료를 참고하고 발품을 팔았다. 하지만 그 모든 과정은 결과로 돌아올 것이라 굳게 믿었다. 단순히 보여지는 외적인 것만이 아니라 내면의 내공이 중요하다고 생각했던 그녀는 각 대회의 역사와 의미, 수상자들의 준비 과정 인터뷰와 에피소드, 필요한 자세와 매너, 노하우와 팁 등을 연구했다. 이를 바탕으로 자신만의 목표와 비전을 설정하고, 준비 계획을 세우며 전문성과 자신감을 키웠다.

그녀는 자신과 같은 고민을 하는 친구들을 위해 《나는 오늘도 왕관을 쓴다》라는 책을 출간 했다. 이 책을 통해 그녀는 생각의 힘을 더욱 발전시키고, 다른 사람들에게도 전하고 있다. 그녀는 자신이 하고 싶은 일이나 꿈을 찾아 노력하고, 생각하고 행동하게 되면, 결국 그 목표에 도달할 것이라고 말한다. 그리고 그 과정에서 자신은 굳건하게 성장할 수 있다고 조언 한다.

그녀는 생각의 힘을 통해 자신의 목표를 이루었고, 미인대회에서 10관왕을 달성해 퍼스널 브랜딩을 성공하며 많은 사람들에게 영감을 주고 있다. 그녀는 생각의 힘을 상징하는 왕관을 쓰고, 그 힘으로 자신의 삶과 세상을 바꾸는 힘을 가지게 되었다.

Chapter.4

차이 나는 인생
10배 성장 솔루션
: right now(지금 당장)

불안과 걱정을 넘어서, 꿈을 향해 나아가라

긍정의 힘으로 불안을 극복하고,
목표를 이루다

1

불안함을 자연스러운 반응으로 받아들이는 방법

고등학교 시절, 불안과 걱정은 내 삶의 일부였다. 그러나 이러한 감정들이 나의 발전을 막아서는 안 된다고 생각했다. 친구들이 자신의 꿈을 향해 나아가는 것을 보며 부러움을 느꼈고, 나 또한 나의 길을 찾기 위해 노력했다. 아침부터 밤 11시까지 학교에서 공부하고, 새벽까지 기숙사에서 공부에 몰두했음에도 불구하고, 직업에 대한 미래에 대한 걱정은 끊임없이 이어졌다. 매일 밤, '과연 이 길이 옳은가?'라는 질문에 사로잡혀 잠을 이루지 못했다.

특히 고등학교 3학년이 되면서, 마음의 불안과 압박감은 더욱 심해졌다. 그때 룸메이트의 조언이 큰 도움이 되었다.

"인생이 예측 가능한 것들로만 이루어진다면, 과연 재미있을까?"

그녀의 말은 나에게 새로운 시각을 제공했다. 나는 불안과 걱정의 무게를 내려놓고, '만약에'라는 가정에서 벗어나 현재 해야 할 공부에 집중하기 시작했다.

수능을 마친 후, 나는 스스로에게 물었다.

'나는 과연 무엇을 하고 싶은가?'

그렇게 고민하던 중, 학교에서 열린 승무원 직업 특강으로 인해, 나의 장점을 잘 살릴 수 있는 승무원이라는 꿈을 발견했다. 한 달 후에 치러야 할 정시 면접에 대한 두려움이 있었지만, 처음으로 가진 꿈이었기에 특강이 끝나자마자 승무원 학원으로 가서 상담을 받았다. 어머니께서는 내가 처음으로 가진 꿈이었기에 야간에 일하면서 조금씩 모아놓은 돈으로 학원비를 내주셨다. 나에게는 어머니의 피땀이 어린, 단순한 돈이 아니었기에, 간절한 마음으로 꿈을 준비하게 되었다. 두려움을 떨쳐내고 24시간 중에 자는 시간 외에는 몰입하여 면접 준비에 임했다. 그 결과, 36대 1의 경쟁률을 뚫고 항공 스튜어디스학과에 장학생으로 합격하는 영광을 얻었다.

이러한 경험을 바탕으로, 취업에 대한 불안감과 꿈을 찾는 학생들에게 도움을 주고 있다. 나는 학생들과 미인대회 제자들에게 강의와 상담 등을 통해 이렇게 말한다.

"불안함은 자연스러운 반응입니다. 그것을 부정하거나 피하려 하지 마세요. 오히려 그것을 받아들이고, 그 안에서 자신만의 길을 찾으세요. 불안함을 인정하고 그것을 극복하는 과정에서, 여러분은 더 강해질 것입니다. 그리고 그 강함이 여러분을 꿈에 한 걸음 더 가까이 데려갈 것입니다."

불안과 걱정은 우리의 정신적, 신체적 건강에 깊은 영향을 미치는 감정이다. 연구에 따르면, 불안은 위장 문제, 통증, 식욕 변화와 같은 신체적 증상을 유발할 수 있으며, 이는 스트레스 호르몬인 코르티솔의 증가와 세로토닌 및 도파민과 같은 신경 전달 물질의 감소로 이어질 수 있다. 이러한 호르몬 및 신경 전달 물질의 변화는 기분 장애, 우울증, 기억력 및 집중력 장애를 포함한 다양한 정신 건강 문제를 초래할 수 있다.

사회적 재난 상황, 예를 들어 코로나19 대유행과 같은 경우, 불안과 걱정이 더욱 심화될 수 있다. 한 연구에서는 코로나19 대유행이 한국에서 시작된 지 1년이 지난 후, 대상자의 53.3%가 불안을, 35.7%가 우울증을 경험했으며, 이는 2019년 정부에서 발표한 수치보다 약 6배 높은 것으로 나타났다. 이 연구는 정서적 공감이 위험지각에 영향을 미치고, 인지적 공감이 간접적 외상에 영향을 미치며, 이 두 가지 모두 불안에 영향을 주고, 불안은 다시 우울증에 영향을 미치는 것으로 나타났다. 이는 불안과 걱정이 개인의 심리적 상태뿐만 아니라, 사회적 재난 상황에서 집단적 우울 현상을 이해하는 데 중요한 역할을 한다는 것을 보여준다.

이러한 연구 결과들은 불안과 걱정이 우리의 정신 건강뿐만 아니라 신체 건강에도 중대한 영향을 미칠 수 있음을 시사한다. 따라서 이러한 감정을 관리하는 것이 중요하며, 필요한 경우 전문가의 도움을 받는 것이 좋다. 불안과 걱정을 관리 하기 위한 방법으로는 명상, 요가, 운동, 적절한 수면, 건강한 습관, 사회적 지원 등이 있으며, 이러한 방법들은 불안과 걱정을 줄이고 전반적인 건강을 향상시키는 데 도움이 될 수 있다. 또한, 심리 치료나 약물 치료를 통해 불안 장애를 관리하는 것도 하나의 방법이다. 각 개인의 상황에 맞는 적절한 치료와 관리 방법을 찾는 것이 중요하다.

마음의 안정을 찾아가는 전략과 방법

불안과 걱정을 관리하는 방법에는 여러 가지가 있다.
① 천천히 심호흡을 하여 호흡에 집중하는 것은 심박수를 조절하고 이완을 촉진하는 데 도움이 된다.
② 마음챙김이나 명상 기법을 연습하여 불안을 유발하는 생각에서 벗어나는 데 도움이 될 수 있다.
③ 운동은 불안 증상을 줄이고 전반적인 정신건강을 개선하는 데 효과가 있다.
④ 규칙적인 식사와 충분한 수면은 신체와 정신의 안정을 증진

시키는 데 도움이 된다.
⑤ 스트레스 감소 습관을 일상 생활에 적용하는 것을 고려해보는 것이 좋다.
⑥ 자연 속에서 시간을 보내는 것은 스트레스를 줄이고 마음을 진정시키는 데 효과적이다.
⑦ 자신에게 친절하게 대하자. 자기 자신을 비판하거나 너무 엄격하게 대하지 말자. 자신의 감정을 인정하고, 자신을 위로하는 것이 중요하다.
⑧ 사회적 지원을 찾자. 친구, 가족, 동료 또는 전문가와 대화를 나누어 불안과 걱정을 나누는 것이 도움이 될 수 있다.
⑨ 취미나 관심사에 시간을 할애하자. 취미는 마음을 다른 곳으로 돌리고 스트레스를 줄이는 데 도움이 된다. 그림 그리기, 음악 연주하기, 춤추기 등 창의적 활동은 감정을 표현하고 스트레스를 해소하는 좋은 방법이다.
⑩ 일기를 쓰거나 감정을 표현하는 다른 창의적인 방법을 시도해 보자. 자신의 생각과 감정을 종이에 쓰는 것은 마음을 정리하고 불안을 줄이는 데 도움이 될 수 있다.

이러한 방법들은 불안과 걱정을 관리하고, 마음의 평화를 찾는 데 도움이 될 수 있다. 불안과 걱정을 넘어서, 꿈을 향해 나아가는 길은 결코 쉽지 않지만, 그 길 자체가 우리를 더 강하고, 더 지혜롭게 만들어줄 것이다. 그것이 바로 인생의 아름다움이며,

우리가 추구해야 할 가치다. 그것들은 우리에게 도전과 기회를 제공하며, 우리가 진정으로 원하는 것이 무엇인지 깨닫게 해줄 것이다.

경험은 가치로, 가치는 돈으로 이어진다

경력과 돈의 가치, 함께 오르는 성장 곡선

~~~ **2** ~~~

📢 경험을 가치로, 프리랜서 아나운서의 성장 스토리

나는 한 때 이름 없는 신입 프리랜서 아나운서로 시작했던 순간을 아직도 생생하게 기억한다. 처음 몇 년간은 근무 시간에 비해 수입이 적었지만, 그 경험은 나에게 큰 의미가 있었다. 아나운서로서의 역량을 키울 수 있었고, 무엇보다 자신의 성장을 느낄 수 있었다.

3년 동안 아나운서로서 무료봉사를 하거나 한 시간에 5만원을 받으며 일했다. 아나운서 학원에서 상담을 받았지만, 학원비에 부담을 느껴 스스로 독학을 통해 경력을 쌓아왔다. 그래도 아나운서 일로 나를 찾아주는 사람들이 있어 항상 감사한 마음을 가졌다. 시간이 흘러 시급은 10만원에서 20만원으로 상승했다.

그러던 어느 날, 미인대회 관계자인 언니가 연락을 해왔다.

"신애야, 인스타로 아나운서 활동 소식을 보고 있어. 혹시 15일날 아나운서로 일할 수 있니? 주변에 국가행사를 주관하는 분이 있는데, 너를 추천해주고 싶어."

나는 기쁜 마음으로 "언니, 정말 고마워요"라고 답했다. PD는 나의 6년간의 아나운서 경력을 보고 한 시간에 60만 원이 넘는 시급을 제안했다. 이 경험은 나에게 자신의 가치를 믿을 수 있게 해주었고, 더 나아가 미래에도 더 큰 성장과 발전을 이루기 위한 발판이 되었다.

그렇게 아나운서로서 경력을 쌓아가며, 주변 지인들로부터 결혼식 사회를 진행해달라는 부탁을 받았다. 유치원 때부터 친했던 다은이, 고등학교 짝꿍 선아, 대학교 친구 수빈이, 취미생활을 통해 알게 된 한나 언니의 결혼식에서 사회를 맡으며 그들의 행복을 진심으로 축하해줄 수 있었다. 돈을 쫓지 않고 경력을 쌓아가며, 10년 후 나의 인생은 놀라운 변화를 맞이했다. 이러한 직업 선택이 나의 인생에 큰 의미를 부여했고, 미래에도 더 큰 성장과 발전을 이루기 위한 발판이 되었다.

경력이 쌓이면 돈의 가치는 자연스럽게 올라간다. 하지만 돈을 넘어서는 삶의 진정한 부는 자신의 가치를 스스로 증명하는 것에서 비롯된다. 아나운서로서 더 큰 무대와 기회를 향해 나아가는 길은 금전적 이득을 추구하기보다는 자신의 역량과 경험을 중시하며 한 걸음씩 내딛은 결과다. 연구에 따르면, 사람들은 종종 자신이 가지고 있지 않은 것을 더 크게, 가치 있게 여기는 경향이 있다. 특히 젊은 세대나 부유한 사람들 사이에서 이러한 경향이 두드러진다. 이들은 돈보다는 꿈을 향한 도전을 더 가치 있게 여긴다. 이는 자신의 강점을 발견하고 이를 통해 가치를 창출하는 것이 돈을 추구하는 것보다 중요하다는 관점을 강조한다.

행복의 열쇠, 돈이 아닌 경험으로 가치를 높이다

벨기에 리에주대학교의 조르디 쿼드바흐 박사팀은 돈이 행복과 직결되지 않는다는 연구 결과를 발표했다. 이 연구는 돈이 많은 소비 기회를 제공하지만, 소비 행위 자체가 사소한 것에서 오는 행복을 감소시킬 수 있다고 지적한다. 돈은 기본적인 욕구를 충족시킬 수는 있지만, 최고점에 도달한 사람들이 더 많은 돈을 얻으려는 욕망에 사로잡혀 사회적 비교에 집착하게 되고, 이로 인해 불만족과 행복 지수의 감소를 경험할 수 있다.

이러한 연구 결과들은 돈을 추구하는 것이 아니라, 자신의 재능과 열정을 발견하고 이를 통해 실력을 키우며 삶의 질을 높이는 것이 장기적으로 더 큰 만족과 행복을 가져다줄 수 있음을 시사한다. 결국, 돈은 중요한 수단이지만, 삶의 목적이 되어서는 안 된다. 자신이 좋아하는 일을 하며 경력을 쌓아가는 과정에서 얻는 만족감과 성취감은 금전적인 보상으로는 측정할 수 없는 가치가 있다. 이러한 삶의 태도는 개인의 성장뿐만 아니라, 사회

전체에도 긍정적인 영향을 미친다.

자신의 재능과 열정을 발견하고 이를 통해 실력을 키우는 사람들은, 그들의 지식과 경험을 다른 사람들과 공유함으로써 사회적 가치를 창출한다. 이는 단순히 돈을 벌기 위한 수단을 넘어서는, 더 큰 의미와 목적을 가진다. 결국, 돈을 추구하는 것과 경험을 쌓아 개인의 가치를 높이는 것 사이에는 중요한 균형이 필요하다. 돈은 생활을 유지하고 특정한 목표를 달성하는 데 필요한 자원이지만, 경험은 우리가 누구인지, 우리가 무엇을 할 수 있는지를 정의한다. 경험을 통해 얻은 지식과 기술은 시간이 지나도 변하지 않는 자산이며, 이는 결국 우리의 삶을 더욱 풍요롭게 만든다.

자신의 가치를 높이고 경험을 쌓는 것은, 단순히 돈을 벌기 위한 수단이 아니라, 삶의 질을 향상시키고 자신의 꿈을 실현하는 데 있어 필수적인 과정이다. 이 과정을 통해 우리는 더 큰 무대와 기회를 향해 나아갈 수 있으며, 자신의 가치를 스스로 증명할 수 있다. 그렇기 때문에, 돈을 추구하기보다는 경험을 쌓고 자신의 가치를 높이는 것에 더 집중하는 것이 중요하다. 이러한 삶의 방식은 우리가 진정으로 원하는 것이 무엇인지, 우리의 삶에서 무엇이 가장 중요한지를 깨닫게 해준다.

또한 자신의 재능과 열정을 발견하고 이를 통해 실력을 키우며 삶의 질을 높이는 것은, 우리가 살아가는 동안 가장 가치 있는 투자다. 그리고 이것이 바로, 돈을 추구하는 것보다 경험을 쌓아 개인의 가치를 높이는 것이 더욱 중요한 이유다. 우리는 모두 자신만의 독특한 여정을 가지고 있으며, 그 여정 속에서 자신의 가치를 높이고, 꿈을 실현하며, 삶의 질을 향상시키는 데 필요한 경험을 쌓아간다. 이러한 경험은 우리를 더욱 강하고 지혜롭게 만들며, 우리의 삶을 더욱 풍부하고 의미 있는 것으로 만든다.

돈을 추구하는 것이 아니라, 경험을 쌓아가며 자신의 가치를 높이는 삶을 선택함으로써, 우리는 더 큰 만족과 행복을 얻을 수 있다. 이것이 바로, 돈보다 경험을 중시하는 삶이 가져다주는 진정한 보상이다. 우리의 삶에서 가장 중요한 것은, 돈이 아니라, 우리가 어떻게 살아가고, 우리가 어떤 경험을 하며, 우리가 어떤 가치를 창출하는지다. 그리고 이것이 바로, 우리가 추구해야 할 진정한 부의 정의다.

노력과 헌신의 시간은 배신하지 않는다

성공을 향해 꾸준히 나아갈 때,
진정한 성과를 얻을 수 있다

~~~ 3 ~~~

꾸준한 노력과 인내로 학업의 마침표를 향해 나아가다

나는 꾸준한 학습과 노력을 통해 조금씩 성과를 얻고 있다. 학사 졸업, 석사 졸업, 박사 과정을 거치며 나발 라비칸트의 말을 가슴에 새겼다.

"인내심을 가지세요. 어느 분야에서든 무언가를 성취하는 데는 10년이라는 시간이 걸립니다."

10년 이상 학교를 다니며 이 말이 더욱 와닿았다. 항공 승무원과를 전공하고, 국제관광학 석사를 마치며, 교육동학 박사 과정을 밟는 동안 취재기자, 연구원 등 여러 경험을 거쳐 다양한 사람을 만나면서 세상을 보는 넓은 시야를 갖게 되었다.

기술이 급변하는 현대 사회에서 교육이 어떻게 변화하고 있는지, 그리고 이러한 변화가 개인과 사회에 어떤 영향을 미치는지에 대해 더 깊이 탐구하고 싶었다. 또한 초등학생들에게 컴퓨터 수업을 진행하며 코딩을 가르치는 일을 하면서, 학생들의 눈빛이 반짝일 때마다 전문성을 갖고 싶었고, 더 깊이 연구하고 싶다는 욕구가 생겼다. 초중고 디지털 학습으로의 전환이 이루어지고 있기에, 나는 교육 기술에 대해 더 많은 관심을 갖게 되었다. 이러한 이유로 나는 교육공학과 박사 과정에 지원하기로 결심했다.

박사과정 면접 과정에서 나의 비전과 아이디어를 소개하며, 이 분야에서 어떻게 새로운 가치를 창출할 수 있을지에 대한 계획을 밝혔다. 그 결과, 나는 박사 과정에 합격하게 되었고, 나만의 전문성을 살릴 수 있는 길을 걷기 시작했다. 학교를 다니며 석사 때 배운 지식을 바탕으로 융합하여 디지털 학습, 교육 기술, 그리고 스마트 러닝 등에 대한 다양한 연구를 진행할 수 있었다.

가치 투자를 공부하며 잃지 않는 투자를 하는 것도 매우 중요하다. 성공하는 방법은 말보다는 행동이었다. 내가 가고자 하는 방향으로 가기 위해서는 행동이 필요했고, 몇 년 동안 고생하더라도 달라진 내 모습과 마주할 수 있었다.

2024년 6월 말에 박사 수료를 앞두고 있는 나는, 수업과 연구를 통해 교육의 미래에 대한 통찰력을 얻으려고 노력하고 있다. 이러한 경험 속에서 무언가를 성취하는 데는 10년이라는 시간이 걸린다는 말의 진정한 의미를 배울 수 있었다. 성공은 매우 개인적인 경험이며, 각자의 노력과 상황에 따라 다를 수 있다. 하지만 꾸준한 노력과 인내심은 어떤 분야에서든 중요한 가치다. 준비가 될 때까지 시작하지 않으면, 성과를 얻을 수 없다. 성공을 향한 길은 간단하지 않지만, 지금 당장 무언가를 했다고 해서 바로 성과가 보이지 않는다고 포기하지 않아야 한다.

10,000시간의 법칙 : 목표를 향한 노력과 성장의 길

찾기는 어렵지만, 이 개념은 장기적인 목표 달성과 관련하여 자주 인용되는 '10,000시간의 법칙'과 유사하다. 이 법칙은 어떤 분야에서도 전문가가 되기 위해서는 대략 10,000시간의 의도적인 연습이 필요하다는 이론으로, 말콤 글래드웰의 책 《아웃라이어》를 통해 널리 알려졌으며, 심리학자 안더스 에릭슨의 연구에 기반을 두고 있다.

이 법칙은 다음과 같은 가정에 기반한다.
1. 목표 달성은 단순히 시간을 투자하는 것 이상을 요구한다. 의도적인 연습, 즉 자신의 한계를 넘어서려는 의식적인 노력이 필요하다.
2. 전문성은 단기간에 이루어지는 것이 아니라, 장기간에 걸쳐 점진적으로 발전한다.

3. 성공은 개인의 노력뿐만 아니라, 적절한 멘토링, 자원의 접근성, 그리고 개인의 배경과 같은 외부 요인들에 의해서도 영향을 받는다.

  이 법칙에 대한 비판자들은 모든 사람이 같은 시간을 투자한다고 해서 같은 결과를 얻을 수 있는 것은 아니라고 지적한다. 개인의 재능, 학습 방법, 그리고 특정 분야에 대한 개인의 열정과 같은 요소들도 중요한 역할을 한다.

  그럼에도 불구하고, 이 법칙은 많은 사람들에게 장기적인 목표를 향해 꾸준히 노력해야 한다는 중요한 메시지를 전달한다. 성공은 하루아침에 이루어지는 것이 아니며, 지속적인 노력과 헌신이 필요하다는 것을 상기시켜 준다. 이러한 관점은 장기적인 목표를 설정하고, 그것을 달성하기 위해 꾸준히 노력하는 것의 중요성을 강조한다. 또한, 이는 개인이 자신의 분야에서 전문성을 발전시키기 위해 필요한 시간과 노력을 인식하는 데 도움을 준다.

  이 법칙은 특히 창의적이고 복잡한 분야에서 더욱 중요한 의미를 가진다. 예를 들어, 음악가, 예술가, 과학자, 기술자 등은 자신의 기술을 연마하고, 새로운 아이디어를 탐구하며, 지식을 확장하는 데 많은 시간을 할애한다. 이 과정에서 실패와 시행착오는 불가피하지만, 이러한 경험들은 결국 개인의 성장과 발전에 기여한다.

결국, '10년의 시간'이라는 말은 단순히 시간의 길이를 나타내는 것이 아니라, 성취를 위한 지속적인 노력과 헌신의 중요성을 상징적으로 표현한 것이다. 이는 개인이 자신의 분야에서 성공하기 위해 필요한 시간, 인내, 그리고 끈기를 상기시키는 동시에, 장기적인 목표를 향한 길에서 겪게 될 도전과 성장의 과정을 강조한다.

고난은 극복과 성장의 기회

인생의 도전을
성장의 발판으로

~~~ **4** ~~~

🗣 포기하지 않는 노력, 강의로 꽃피운 성장기

　인생의 길은 때때로 우리를 시험에 들게 한다. 어려움이라는 산을 마주할 때, 우리는 두 가지 선택을 할 수 있다. 그 산을 우회하거나 정상을 향해 오르는 것이다. 그리고 때로는 그 산이 우리에게 가르침을 주며, 더 높은 곳으로 이끌어준다.

　새터민에게 컴퓨터를 가르치는 봉사활동 경력을 통해 교육원에 지원하여 면접을 마치고, 기쁜 마음으로 최종 합격 소식을 들었다. 합격 소식과 함께 밤 10시까지 평일 저녁 3시간을 강의하고, 주말에는 8시간 동안 저녁 6시까지 강의를 했다. 직장에서 퇴근 후 교육원 강의를 마치고 집에 돌아오면 지쳐있었지만, 그 시간들은 나에게 단순한 숫자나 시간이 아니었다. 그것은 내 꿈을 키우는 소중한 자양분이었다.

코로나로 인해 오프라인과 온라인 강의를 동시에 병행해야 했다. 강의하는 데 처음에는 많은 어려움에 부딪혔지만, 시간이 지날수록 강의 스킬은 점차 발전했다.

주말이면 놀고 싶은 마음이 컸지만, 나를 찾아오는 학생들에 대한 감사함은 그 어떤 유혹보다도 컸다. 강의를 하며 느끼는 보람은 나의 피곤함을 한순간에 날려버렸다.

하지만 강의 자료를 만드는 일은 쉽지 않았다. 강의 자료인 PPT의 폰트 하나, 디자인 하나에도 심혈을 기울였고, 수강생들의 리뷰를 듣고 피드백을 고치는 일은 나를 더욱 성장하게 만드는 동력이 되었다. 강의를 듣는 이들에게 도움이 되는 내용을 가르치고, 관련 사례를 공유하며 코칭에 대해 공부하는 것은 나에게 큰 즐거움이었다. '배운 만큼 다 돌아온다'는 말의 의미를 깊이 깨닫게 되는 순간들이었다.

지난해, '홍보마케팅을 잘하는 방법'에 대한 주제로 수업이 끝난 후, 프런트에 있는 선생님으로부터 "강의 컴플레인이 들어왔어요. 강의가 도움이 되지 않는다고 하네요"라는 말을 들었다. 그 말을 듣고 강의를 그만둬야 할지 고민이 되었다. 집으로 가는 길에 '배움의 과정일거야, 최선을 다해보자! 이 상황을 받아들이고, 그분들에게 도움이 될 만한 강의를 해보자'라는 생각이 들었다. 집에 도착하자마자 새벽 4시까지 주제에 맞는 강의 PPT를 100장 정도 만들었다. 수업 시작하기 전에 학생들에게 어떤 내용을 배우고 싶은지 여쭤보고, 배우고 싶은 내용에 맞게 준비해 온 강의로 진행했다.

컴플레인을 걸었던 분께서는 "수업시간마다 항상 내가 이미 알고 있던 이야기들뿐이어서 사업준비하는 데 도움이 되지 않았어요.. 그런데 이번 강의 덕분에 사업하는 데 도움이 많이 될 것 같네요. 제가 사업하고 있는 화장품을 선물로 보내주고 싶은데 주소 보내주실 수 있으실까요?"라며 감사하다는 인사를 해주셨다. 이 경험은 나에게 큰 자신감을 주었고, 어떤 어려움이 있더라도 배움의 과정이라고 생각하며, 포기하지 않고 최선을 다하면 긍정적인 결과를 얻을 수 있다는 것을 다시 한번 깨닫게 해주었다.

도전을 기회로 : 인생의 어려움을 극복하는 방법

인생은 예측할 수 없는 도전들로 가득 차 있다. 때로는 이러한 도전들이 우리를 압도할 수 있지만, 이는 또한 우리가 자신을 발견하고, 한계를 넘어서며, 잠재력을 실현할 수 있는 기회를 제공한다. 어려움에 직면했을 때, 우리는 두 가지 선택을 할 수 있다. 두려움에 굴복하거나, 그것을 극복하고 성장하기 위한 발판으로 삼을 수 있다.

1. **내면의 힘 발견하기** : 어려움을 극복하는 첫 번째 단계는

내면의 힘을 발견하는 것이다. 이는 직면한 문제를 근본적으로 이해하고, 감정을 관리하며, 생각과 행동을 조절하는 능력을 계발하는 과정이다. 우리의 내면에는 종종 생각하는 것보다 훨씬 더 강하며, 어떤 상황에서도 지탱해 줄 수 있는 놀라운 힘이 있다.

2. **목표 설정과 계획 수립** : 성공적인 길을 위해서는 명확한 목표와 구체적인 계획이 필요하다. 목표를 설정함으로써 노력을 올바른 방향으로 이끌 수 있으며, 계획을 수립함으로써 그 목표를 달성하기 위한 구체적인 단계를 밟을 수 있다. 이는 어디로 가고 있는지, 무엇을 이루고자 하는지를 분명히 하며, 노력을 최대한 활용할 수 있게 한다.

3. **새로운 시도와 지속적인 학습** : 새로운 시도를 두려워하지 않고, 지속적으로 학습하는 것은 경험을 쌓고, 새로운 기술을 배우며, 한계를 넘어서는 데 중요하다. 실패를 두려워하기보다는 그것을 배움의 기회로 삼아야 한다. 실패는 무엇을 개선해야 하는지를 보여주며, 다음 번에 더 나은 결과를 얻을 수 있도록 도와준다.

4. **도구와 자원 활용하기** : 어려움을 극복하고 성장하는 길에서는 다양한 도구와 자원을 활용하는 것이 도움이 된다. 브런치, 마인드카페, 헤드스페이스와 같은 앱과 책들은 도전을 기회로 바꾸는 데 필요한 지식과 지원을 제공한다. 이러한 자원들은 감정을 관리하고, 생각을 긍정적으로 유

지하며, 목표를 향해 나아가는 데 필수적이다.

어려움은 불가피한 삶의 일부이다. 그러나 어떻게 대응하느냐에 따라, 그것은 우리를 더 강하고 지혜로운 사람으로 만들 수 있다. 어려움을 좋은 기회로 만들기 위해 내면의 힘을 발견하고, 명확한 목표를 설정하며, 새로운 시도를 두려워하지 않고, 필요한 도구와 자원을 활용해야 한다. 이러한 과정을 통해 어떤 도전도 극복하고, 꿈을 실현할 수 있다.

행복은 공감능력만큼 커진다

인간관계에서 공감능력이
중요한 이유

~~~ 5 ~~~

📢 인간관계에서 공감의 힘, 왜 중요한가?

인간관계에서 소통의 어려움을 겪는 경우가 종종 있다. 최근 사촌동생이 고민을 털어놓았다. 여자친구와 싸우고 다투게 되었다고 했다.

싸운 이유를 들어보니, 그녀는 아름다운 꽃들 사이에서 사진을 찍었고, 그 순간의 감정을 사진에 담고 싶어 했다. 그녀는 그 사진을 사촌동생에게 보냈고, 자기 전 그 사진을 통해 자신의 감정을 표현하고자 했다. 하지만 그녀의 기대와는 달리, 사촌동생은 다음 날 "잘 잤어?"라는 메시지로 응답했다.

그녀는 상처를 받았다. 사진을 통해 자신의 일상과 감정을 공유하고자 했지만, 사촌동생은 그녀의 감정을 놓치고 말았다. 그녀는 왜 그런 응답을 했는지 이해하지 못했다. 그녀의 기대와는 달리, 공감대 형성의 기회를 놓쳐버렸고, 이는 불필요한 오해와 갈등으로 이어졌다.

나는 사촌동생에게 여자의 마음에 대해 설명하며, 공감 부족 때문에 그녀가 화가 났다고 이야기해주었다. 사촌동생은 그 이유를 듣고 나서, 유튜브와 책을 통해 공감에 대해 깊이 알게 되었다.

그 후, 두 사람은 다시 만났다. 사촌동생은 공감을 바탕으로 더 깊은 대화를 나누었다. 그는 그녀의 감정을 더 깊이 듣고 이해하려고 노력했다. 그녀는 그의 노력을 감사히 받아들였다. 이제 그들은 서로를 더 잘 이해하고, 공감대를 형성하며 더 좋은 유대감을 만들어가고 있다.

이러한 사례는 중요한 교훈을 준다. 공감대 형성은 단순히 상대방의 말을 듣는 것 이상이다. 그것은 상대방의 감정과 경험을 이해하고, 그들의 입장에서 생각하며, 그들의 감정을 공유하는 것을 의미한다. 공감대는 서로를 더 깊이 이해하고, 더 강한 유대감을 형성하는 데 도움을 준다. 그렇기에 대화에서 상대방의 말뿐만 아니라 그들의 감정과 의도까지도 경청해야 한다. 이를 통해 더 나은 소통자가 될 수 있으며, 인간관계에서의 오해와 갈등을 줄일 수 있다. 공감대 형성은 인간관계를 더욱 풍부하고 만족스럽게 만드는 열쇠이다.

연구에 따르면, 공감능력은 인간관계 전반에 긍정적인 영향을 미친다. 한 연구에서는 자존감, 거부민감성, 공감능력이 연애 관계만족에 어떤 영향을 미치는지 조사했다. 결과적으로 자존감이 높을수록 거부민감성은 낮아지고 공감능력은 높아지며 연애 관계만족도 높아졌다. 즉, 거부민감성과 공감능력은 자존감과 연애 관계만족의 사이를 완전히 매개하는 역할을 한다는 것이 확인되었다.

다른 연구에서는 공감능력이 행복감에 어떤 영향을 미치는지 살펴보았다. 공감능력은 행복감과 관련이 있었으며, 감사성향이 이 관계에서 중요한 매개 변수로 작용했다.

공감능력을 강화하는 방법과 도움되는 앱

1. **적극적인 청취** : 상대방이 이야기할 때 집중하고 주의 깊게 듣는 것이 중요하다. 비언어적인 신호나 감정 표현도 주목해야 한다. 눈으로 상대방을 바라보며 그들의 표정, 목소리 톤, 제스처 등을 관찰하면서 그들이 무엇을 느끼고 있는지 파악해보자. 상대방이 말하는 내용 뒤에 숨겨진 감정을 찾아보는 능력이 공감능력을 키우는 데 도움이 된다.
2. **관심과 이해** : 다른 사람의 경험, 관점 및 감정에 대한 관심을 가지고 이해하려고 노력하자. 상대방의 입장에서 생각해보며 공감하는 자세를 취해보자. 상대방이 어떤 상황

에서 어떤 감정을 느끼는지 상상해보고 그에 대한 이해를 나누는 것이 중요하다. 이를 통해 상대방과 더 가까워질 수 있다.
3. 편견 없이 있는 그대로 바라보기 : 상대방을 평가하거나 비난하지 않고 그들의 감정을 존중하자. 각자의 상황과 배경이 다르기 때문에 다른 선택을 하는 것은 당연한 일이다. 상대방의 선택이나 행동을 이해하고 그들을 지지하는 자세를 갖는 것이 중요하다.
4. 나와 타인을 향한 친절함 갖기 : 상대방에게 친절하게 대하고 배려하는 자세를 갖는 것이 중요하다. 상대방의 감정을 이해하고 공감하는 능력은 연애 관계에서 긍정적인 영향을 미칠 수 있다. 상대방에게 관심을 표현하고 작은 배려를 보여주는 것이 좋다. 예를 들어, 간단한 메시지나 놀라운 선물로 상대방을 기쁘게 해보자.

이러한 앱들은 연애와 관련된 다양한 정보와 도구를 제공하여 공감능력을 향상시키는 데 도움을 줄 수 있다. 이러한 노력들은 연애 관계에서 공감능력을 향상시켜 더 깊고 의미 있는 관계를 만들어갈 수 있게 한다.

1. Between : 커플 간의 소중한 순간을 기록하고 공유하는 앱이다. 사진, 메모, 일정 등을 저장하고 상대방과 함께 공

유할 수 있다. 연애 중에 발생한 특별한 순간을 기념하고, 상대방과 함께 추억을 공유하고 싶을 때 사용할 수 있다.

2. Love Nudge : 사랑 언어 테스트를 통해 상대방의 사랑 언어를 파악하고, 일상적인 작은 서비스를 통해 상대방에게 사랑을 표현하는 방법을 제공하는 앱이다. 상대방의 사랑 언어를 이해하고 그에 맞게 행동하여 연애 관계를 더욱 풍요롭게 만들고 싶을 때 사용할 수 있다.

3. Happy Couple : 커플 간의 소통을 도와주는 앱으로, 일상적인 질문을 통해 서로를 더 잘 이해하고 공감하는 능력을 키울 수 있다. 상대방과 더 깊은 대화를 나누고, 서로의 성격, 취향, 관심사를 더 잘 이해하고 싶을 때 사용할 수 있다.

나의 가치를 높이는 의미있는 활동

독도
연예인 홍보대사 활동

6

독도 연예인 홍보대사 활동의 경험과 가치

근무를 쉬는 날 누워있는 시간이 아깝다고 생각했다. 그래서 의미 있는 시간을 보낼 수 있다면 적합한 곳에서 홍보대사 활동을 하고 싶었다. 친구의 페이스북을 보던 중 (사)독도사랑운동본부에 연락해 홍보대사를 뽑고 있는지 여쭤보았고, 다수의 모델 경력을 바탕으로 지원했다. 운 좋게도 독도 연예인 홍보대사가 되어 2017년 서울 여의도 국회 의원회관에서 열린 독도지킴이 연예인 홍보단 발족식에 참가하게 되었다. 그렇게 대한민국의 아름다운 영토인 독도를 홍보하기 위한 활동을 시작했다.

독도사랑운동본부는 대한민국의 자존심을 지키는 중요한 역할을 하고 있다. 독도 수호와 관련된 다양한 활동을 지속적으로 전개하여 독도가 대한민국의 고유 영토임을 확고히 하고, 이를 전 세계에 알리는 데 앞장서고 있다. 독도사랑운동본부 독도 연예인 홍보단에는 영화배우 백봉기, 가수 DJ DOC 김창열, 신비, 배우 미달이 김성은, 홍경인, 개그맨 졸탄팀, 김경진 등 방송과 언론 매체에서 왕성히 활동하는 연예인들이 포함되어 있다. 우리는 독도의 아름다움과 가치를 알리기 위해 매년 울릉도와 독도를 방문하고 홍보사업에 참여하고 있다.

조종철 국장님 덕분에 독도 홍보대사 활동을 하면서, 돈 주고도 살 수 없는 특별한 경험들을 했다. 2019년 4월, '독도 愛 매거진'에 인터뷰를 했다. 이 매거진은 전국 지자체 및 교육청, 독도 관련 기업 및 단체에 무료로 배포되며, 2014년 창간호를 시작으로 매년 발간되고 있다. '독도 愛 매거진'은 독도에 관한 다양한 소식과 정보를 다루어 국민들에게 독도에 대한 인식을 높이는 데 도움을 준다. 매거진에는 독도에 관한 정보와 국정 소식을 다룬 국정 인터뷰, 인물 탐구 파워 인터뷰, 독도 후원 기업 소개, 독도 관련 단체 동향, 스타 포커스 및 취중 토크, 독도 칼럼, SNS 기자단 뉴스 등 다양한 내용이 포함되어 있다.

또한, 우리는 '어두운 밤에도'라는 독도송을 발매했다. 이 곡은 독도사랑운동본부가 8월 15일 광복절을 맞아 독도를 지키는 사람들의 이야기 프로젝트 2탄으로, 독도를 지키는 사람들의 외로움과 나라사랑을 담고 있다. 독도송 녹음에는 독도사랑운동본부 연예인 홍보대사 전원이 재능 기부로 참여했으며, '간 때문이야', '빅맥송' 등 각종 CM송으로 유명한 작곡가이자 가수 래준이 맡아 곡을 헌정했다.

특히, 독도를 방문하는 기회가 있어서 나에게 그 경험은 큰 보람이었다. 독도의 아름다움과 역사적인 의미를 직접 체험하며, 이를 다양한 방식으로 사람들에게 전달할 수 있었다. 또한, 독도 홍보대사 활동을 하면서 독도에 대한 정보를 더욱 깊게 알게 되었다. 독도에 대한 연구와 학습을 통해 더 깊은 이해와 지식을 얻을 수 있었고, 이를 통해 독도에 대한 정확하고 폭넓은 정보를 전달하는 데 도움이 되었다. 이런 다양한 경험과 이점을 통해 독도 연예인 홍보대사로서의 역할이 더욱 의미 있고 가치 있는 것으로 느껴졌다. 앞으로도 홍보대사로서 독도를 더욱 널리 알리고, 사랑하는 분들과 함께한 시간은 소중한 추억으로 남을 것이다.

홍보대사 활동의 이점과 유용한 앱

자신의 가치를 높이고 의미 있는 활동을 하고 싶다면 홍보대사에 도전하는 것을 추천한다. 홍보대사는 자신이 사랑하는 곳이나 사안을 널리 알리며, 그 과정에서 많은 것을 배우고 성장할 수 있는 기회를 제공한다. 다양한 사람들과 소통하고 협력하며, 자신이 홍보하는 대상에 대한 깊은 이해와 애정을 키워나갈 수 있다.

홍보대사의 장점은 다음과 같다.

1. **리더십과 책임감 강화** : 홍보대사로 활동하면 리더십과 책임감을 키울 수 있다. 이는 미래의 직업에서도 유용한 능력이다.
2. **네트워킹 기회** : 홍보대사 활동은 다양한 사람들과 만나고 교류할 수 있는 기회를 제공한다. 이를 통해 네트워킹 능력을 향상시킬 수 있다.
3. **대중 연설 및 커뮤니케이션 스킬 향상** : 홍보대사로 활동하면 대중 앞에서 연설하고 커뮤니케이션하는 능력을 향상시킬 수 있다.
4. **자기계발** : 홍보대사로 활동하면 자기계발에 도움이 된다. 새로운 경험과 도전을 통해 성장할 수 있다.
5. **생활의 풍요로움** : 홍보대사로 활동하면 생활을 더욱 풍요롭게 만들어준다. 다양한 활동과 이벤트에 참여하며 즐거운 경험을 쌓을 수 있다.
6. **학교와 학우들에게 기여** : 홍보대사로 활동하면 학교와 학우들에게 기여할 수 있다. 학교의 명성을 높이고 학생들에게 유익한 정보를 전달하는 역할을 수행할 수 있다.
7. **자신의 관심 분야 홍보** : 홍보대사로 활동하면 자신의 관심 분야를 홍보할 수 있다. 예를 들어, 환경 보호, 문화유산, 사회 공헌 등에 관심이 있다면 해당 분야를 홍보하는

데 기여할 수 있다.

홍보대사 활동에 도움되는 앱들은 다음과 같다.
1. Canva : 그래픽 디자인 툴로, 홍보 자료(포스터, 배너, 소셜 미디어 콘텐츠 등)를 쉽게 제작할 수 있다. 직관적인 인터페이스와 다양한 템플릿을 제공한다.
2. Buffer : 소셜 미디어 관리 도구로, 여러 소셜 미디어 계정을 한 곳에서 관리하고 예약 게시물을 설정할 수 있다. 다양한 플랫폼을 지원하며, 예약 포스팅 기능을 제공한다.
3. Hootsuite : 소셜 미디어 관리 플랫폼으로, 게시물 스케줄링, 모니터링, 분석 기능을 제공한다. 다수의 계정을 관리할 수 있으며, 통합된 분석 리포트를 제공한다.
4. Google Analytics : 웹사이트와 소셜 미디어 트래픽을 분석하여 홍보 활동의 효과를 측정할 수 있다. 세부적인 데이터 분석과 다양한 리포트를 제공한다.
5. Trello : 프로젝트 관리 툴로, 홍보 활동 계획을 체계적으로 관리할 수 있다. 직관적인 카드 및 보드 시스템을 통해 팀과의 협업이 용이하며, 프로젝트 진행 상황을 쉽게 파악할 수 있다.
6. Adobe Spark : 간단한 그래픽 디자인과 비디오 제작을 위한 도구로, 소셜 미디어 콘텐츠를 쉽게 제작할 수 있다. 다양한 템플릿을 제공하며, 사용자 친화적인 인터페이스를

갖추고 있다.

 이 앱들을 활용하면 홍보대사 활동을 보다 효과적으로 수행할 수 있다. 각 앱의 기능을 최대한 활용하여 홍보 활동을 계획하고 실행해 보길 권장한다.

한계를 극복하고 무한한 가능성을 열어라

후회 없는 인생을 위한 버킷리스트 전략

7

꿈을 실현하는 버킷리스트 실천 가이드

미인대회에서 만난 긍정적인 에너지를 가진 이하율이라는 작가 동생이 있다. 21세의 젊은 나이에 그녀는 자신의 삶을 변화시키기 위해 70가지의 꿈을 담은 버킷리스트를 작성했다. 세계 배낭여행의 꿈을 이루기 위해 밤낮으로 아르바이트를 해서 여행 경비를 마련했고, 서점에서 산 여행 책을 너덜거릴 정도로 읽었다. 덕분에 국내 여행조차 혼자 다니지 못할 정도로 겁이 많았던 그녀지만, 결국 100일 만에 혼자 17개국 53개 도시를 여행하게 되었다. 이 경험은 그녀에게 무한한 가능성을 열어주었다.

그 후 9년간 11번의 마라톤을 도전하며 풀코스 마라톤 완주에도 성공했다. 또한 성인 남성도 어렵다는 철인삼종경기인 스파르탄

대회에서 1등을 차지하며, "불가능이란 없다"라는 교훈을 얻고, 상공 6,000m 스카이다이빙과 머슬마니아 대회, 5년간 책 1000권 읽기, 라디오 DJ 등의 다양한 경험을 통해 10만 명 이상의 사람들과 소통하며 사람들에게 용기와 긍정의 메시지를 전했다. 그동안의 도전기가 담긴 책을 출간해 수많은 사람들에게 영감을 주었으며, 초등학생부터 대학생에 이르기까지 다양한 연령층에게 동기부여 강연을 할 기회를 얻을 수 있었다. 버킷리스트 도전은 단순한 꿈의 실현이 아니라, 한계를 극복하고 나다움을 찾아가는 과정이었다.

앞으로 그녀의 꿈은 인지심리학자가 되어 많은 이들의 소중한 꿈을 이룰 수 있도록 돕는 것이다.

그녀가 꿈을 이루기 위해 실천했던 4가지 원칙은 다음과 같다.

1. **꿈을 설정했다.** 변화를 원했기 때문에, 먼저 꿈을 설정해야 했다. 꿈이 있어야 목표를 향해 나아갈 수 있었다.
2. **도전을 두려워하지 않았다.** 새로운 것에 도전하고, 실패를 두려워하지 않는 것이 중요했다. 도전을 통해 그녀는 성장할 수 있었다.
3. **긍정적인 태도를 유지했다.** 어려움에 직면했을 때 긍정적인 태도를 유지하는 것이 중요했다. 긍정적인 태도는 그녀를 더 멀리 나아가게 했다.
4. **자신을 믿었다.** 자신에 대한 믿음이 없었다면, 아무것도 이룰 수 없었다. 그녀는 자신을 믿고, 자신의 능력을 신뢰해야

했다.

그녀의 이야기는 우리 모두에게 "내가 할 수 있는 방법을 찾아보자"라는 긍정적인 생각을 가지고, 어떤 어려움도 극복할 수 있다는 희망을 준다. 후회 없는 인생을 살기 위해 과거는 그저 흘러간 대로 보내고 붙잡지 않는 버킷리스트를 추천한다. 때로는 이루고자 하는 목표가 없어서 허망해하고, 목표를 달성한 후에는 허탈함을 느끼기도 한다. 하지만 항상 목표를 찾고, 자신이 살아가고자 하는 인생에 마음을 쏟는 것은 허망함을 잊게 해주고 동시에 성취감을 느낄 수 있는 방법이다. 불안해하지 말고 현재 진행 중인 일들이 잘 진행되고 있다고 믿는 것도 후회 없는 인생을 살기 위한 버킷리스트라 할 수 있다. 변화는 언제나 찾아올 수 있으며, 그 변화를 두려워하지 않고 받아들이는 것도 버킷리스트에 포함시켜보는 것이 좋다.

성장과 자기계발을 위한 버킷리스트 활용법

1. **목표를 세분화하기.** 단기, 중기, 장기적인 목표를 각각 세워보는 것이 좋다. 이렇게 하면 목표를 달성할 가능성을 높일 수 있다. 예를 들어, 1년 안에 이루고 싶은 것, 5년 안에 이루고 싶은 것, 평생 이루고 싶은 것을 나눠서 작성해보는 것이 좋다.

2. **과정과 결과를 구체화하기.** 버킷리스트에는 단순히 목표만 적는 것이 아니라, 그 목표를 달성하기 위한 과정도 함께 작성하는 것이 좋다. 예를 들어, '여행 가기'라는 목표를 세웠다면, 여행 준비, 여행 경비 모으기, 여행 일정 짜기 등의 과정을 추가로 적어보는 것이 좋다.
3. **하루에 완성할 필요는 없다.** 버킷리스트를 작성할 때 모든 목표를 한 번에 쓸 필요는 없다. 하루에 하나씩 추가해도 괜찮다. 시간을 내서 조금씩 작성해보는 것이 좋다. 그러면 더욱 신중하게 목표를 선택할 수 있다.
4. **다른 이들을 위한 꿈을 추가하기.** 자신만을 위한 목표뿐만 아니라, 다른 사람들을 도와주는 꿈도 버킷리스트에 추가하는 것이 좋다. 다른 사람들에게 기여하고 선한 영향을 미치는 목표를 작성하면 더욱 의미 있는 리스트가 될 것이다.
5. **가슴이 뛰는 일들로 작성하기.** 버킷리스트에는 자신의 가슴이 뛰는 일들을 작성하는 것이 좋다. 어떤 것이든 열정적으로 하고 싶은 것들을 포함시키는 것이 좋다.

   ① Wunderlist (Microsoft To Do) : 할 일 목록과 버킷리스트를 관리하기에 적합한 앱이다. 간단한 인터페이스와 공유 기능을 제공하여 다른 사람들과 함께 목표를 관리할 수 있다. 여러 기기와 동기화가 가능하여 할 일 목록을 효율적으로 관리할 수 있다.

   ② Evernote : 메모와 할 일 목록을 통합적으로 관리할 수

있는 앱이다. 버킷리스트뿐만 아니라 다양한 아이디어와 계획을 한 곳에 모아둘 수 있다.
- 강력한 검색 기능을 제공하여 메모와 목표를 효율적으로 검색할 수 있다.
- 텍스트, 이미지, 음성 메모 등 다양한 형식으로 목표를 기록할 수 있으며, 여러 기기에서 동기화하여 목표를 관리할 수 있다.

③ Todoist : 심플하면서도 강력한 할 일 목록 관리 앱이다. 버킷리스트를 프로젝트로 설정해 세부 목표를 관리할 수 있다.
- 직관적이고 간단한 사용법을 제공하는 인터페이스를 자랑한다.
- 여러 기기에서 사용 가능하며, 동기화가 잘 된다.
- 목표 달성률과 성취도를 확인할 수 있는 강력한 통계 기능을 제공한다.

④ Google Keep : 간단한 메모와 할 일 목록을 관리할 수 있는 앱이다. 버킷리스트를 체크리스트로 만들어 관리할 수 있으며, 다른 Google 서비스와의 연동이 용이하다.
- 직관적이고 간단한 인터페이스를 제공한다.
- Gmail, Google Drive 등과 연동하여 목표를 효율적으로 관리할 수 있다.
- 기한이 있는 목표에 대한 알림을 설정할 수 있다.

⑤ Bucketlistly : 버킷리스트를 전문적으로 관리할 수 있는 앱이다. 다른 사용자들과 목표를 공유하고 영감을 받을 수 있다.
- 다른 사용자들과 버킷리스트를 공유하고 응원할 수 있는 커뮤니티 기능을 제공한다.
- 목표를 달성한 기록을 남길 수 있어 성취감을 느낄 수 있다.

이와 같은 앱들을 활용하여 체계적으로 버킷리스트를 관리하고 목표를 하나씩 실현해 나가면서 더 의미 있는 삶을 살아갈 수 있다.

불안하고 두려울 때는 생각을 글로 적어라

자기객관화와 메모의 힘,
스트레스 감소와 성장의 비결

8

📝 문제 상황에서의 자기객관화와 메모, 긍정적 변화를 위한 도구

인향은 나와 함께 창업을 준비하는 박사과정 친구로, 디자인 공모전에서 최우수상을 포함한 다수의 경력을 가졌다. 현재 그녀는 성장의 길을 걷고 있지만, 과거에는 일상의 작은 도전이나 변화조차 큰 걱정과 염려를 불러일으켰다. 학창 시절부터 직장 생활, 그리고 박사과정에 이르기까지 새로운 환경과 반복되는 일상은 그녀에게 불안과 염려를 안겨주었다. 이러한 감정들은 심리적 괴로움으로 이어졌고, 그녀는 이를 극복하기 위해 여러 방법을 시도했다.

청소년기 때 그녀는 불편한 일이 있을 때 그 상황과 생각을 글로 적어보며 문제의 본질을 파악하려 노력했다. 또한 작은 변화나 자극에도 불편함을 느꼈던 그녀는 이러한 자극에 대한 두려움을 줄이기 위해 의도적으로 둔감화하려고 노력했다. 부정적인 상황을 피하기보다는 직면하는 방식을 택했으며, 이를 통해 자기객관화의 과정을 거쳐 불편한 상황에 대응할 수 있는 능력을 키워나갔다.

성인이 되어서도 새로운 시작이나 변화에 대한 두려움은 여전히 존재했지만, 그녀는 그에 일일이 반응하지 않게 되었다. 걱정이 생겨도 그 상태로 실행에 옮길 수 있는 능력을 개발하면서, "걱정을 해서 걱정이 없어지면 걱정이 없겠네"라는 말을 실천에 옮기며 불필요한 걱정을 덜어내고 책임감과 긴장감을 유지할 수 있었다. 두려움을 극복하고 호기심을 되찾은 그녀는 다양한 분야에 도전했다. 회계학 공부에서부터 어린 시절 무서워했던 수영에 이르기까지, 그녀는 두려움을 넘어서 궁금증을 해결하는 데 만족을 느꼈다.

직업적으로도 회계 분야에서 마케팅 분야로 전환하는 경험을 통해 성장했고, 이러한 경험은 그녀를 박사과정에 이르게 한 원동력이 되었다. 호기심은 그녀에게 적극적이고 긍정적인 이미지를 부여했다. 학문적인 성장뿐만 아니라 인간적인 성장에도 기여한 것이다. 두려움의 근원을 탐구하고, 감정의 기복을 안정적으로 유지함으로써, 그녀는 긍정적인 에너지를 유지할 수 있었다. 그녀의 이야기는 변화와 반복의 순환 속에서 자기객관화를 통해 자신만의 해결책을 찾아가는 과정을 보여준다.

자기객관화는 단지 그녀에게만 해당되는 것이 아니다. 많은 사람들이 삶의 변화와 반복되는 일상 속에서 비슷한 감정의 기복을 겪는다. 그녀의 사례는 이러한 감정을 관리하고 극복하는 데 있어 글쓰기의 힘이 얼마나 큰지를 보여준다. 자신의 감정과 생각을 글로 옮기는 것은, 일기 형태이든 아니든 자신을 객관적으로 바라보고 문제를 해결하기 위한 첫걸음이 될 수 있다. 그녀는 이 방법을 통해 자신의 내면을 탐구하고, 두려움과 걱정을 넘어서는 방법을 찾아냈다. 그녀의 경험은 우리 모두에게 변화를 두려워하지 않고, 삶의 도전에 맞서는 용기를 준다.

문제를 해결하는 자기객관화와 메모의 놀라운 효과

많은 연구들은 문제 상황 속에서 자기객관화를 하고 메모장에 자신의 생각과 감정을 기록하는 것이 개인에게 긍정적인 영향을 미친다는 결과를 보여주고 있다. 이 방법은 특히 불안과 스트레스를 관리하는 데 효과적이며, 자기 이해와 자기 수용을 증진시키는 데 큰 도움이 된다.

1. 자기객관화와 정서적 안정

자기객관화란 자신의 생각과 감정을 객관적으로 바라보는 것을 의미한다. 이는 문제 상황에서 감정적으로 휘둘리지 않고, 이

성적으로 문제를 분석하고 해결책을 찾는 데 도움을 준다. 연구에 따르면, 자기객관화를 통해 자신의 감정을 기록하는 것은 정서적 안정을 유지하는 데 매우 유익하다. 이는 감정의 혼란을 줄이고, 문제의 본질을 파악하는 데도 도움이 되기 때문이다.

2. 스트레스 감소와 긍정적 힘

심리학자들은 감정을 글로 표현하는 것이 스트레스와 불안을 감소시키는 효과가 있다고 보고 있다. 페네베이커(Pennebaker, 1986)의 연구에 따르면, 자신의 감정과 생각을 일기나 메모장에 기록하는 사람들은 그렇지 않은 사람들보다 스트레스 수준이 낮고, 신체 건강도 더 좋았다. 이는 감정을 글로 표현함으로써 내면의 갈등을 해소하고, 긍정적인 힘을 얻을 수 있음을 보여준다.

3. 자기 이해와 성장

자신의 생각과 감정을 기록하는 것은 자기 이해를 깊게 하고, 자기 성찰의 기회를 제공한다. 이는 개인이 자신의 행동 패턴을 인식하고, 필요한 변화를 이루는 데 도움을 준다. 연구에 따르면, 글쓰기를 통한 자기객관화는 개인의 자기 인식을 높이고, 성장과 변화를 촉진하는 데 큰 역할을 한다.

4. 문제 해결 능력 향상

자기객관화를 통해 문제 상황을 글로 적어보는 것은 문제 해결 능력을 향상시키는 데 매우 효과적이다. 이는 문제의 본질을 명확히 하고, 다양한 해결책을 모색하는 데 도움이 된다. 연구에 따르면, 문제를 글로 적어보는 사람들은 그렇지 않은 사람들보다 문제를 더 효과적으로 해결할 수 있는 능력을 갖추고 있다.

5. 긍정적 에너지 유지

문제 상황 속에서 감정과 생각을 기록하는 것은 긍정적인 에너지를 유지하는 데 중요하다. 이는 자신의 감정을 객관적으로 바라보고, 부정적인 감정을 해소하는 과정을 통해 긍정적인 에너지를 유지할 수 있게 한다. 연구에 따르면, 자기객관화를 실천하는 사람들은 긍정적인 태도를 유지하고, 어려운 상황에서도 희망과 용기를 잃지 않는 경향이 있다.

나 또한 변화와 도전에 직면할 때 불안과 염려를 느끼곤 한다. 과거의 나는 새로운 변화에 대한 두려움이 생길 때마다 그것을 이겨내기 위해 노력해왔다. 하지만 때때로 그 두려움에 압도되어 실행에 옮기지 못한 적도 많았다. 그럴 때마다 목표 리스트를 설정하고, 그 목표를 향해 나아가며 긍정적인 힘을 키워나갔다. 그녀를 통해 나는 내 감정을 객관적으로 바라보고 문제를 해결하기 위해 글을 쓰는 방법을 시도해보았다. 이 방법을 통해 일상 속에서 느끼는 작은 불편함과 두려움을 피하기보다는 직면하고, 글로 적어보며 문제의 본질을 파악할 수 있었다. 또한 자기객관화를 통해 내 감정과 생각을 글로 정리하며 변화와 도전에 맞서는 용기도 얻을 수 있었다.

  문제 상황 속에서 자기객관화를 하고 메모장에 자신의 감정과 생각을 기록하는 것은 개인에게 많은 긍정적인 힘을 준다. 이는 스트레스를 감소시키고, 자기 이해를 높이며, 문제 해결 능력을 향상시키고, 긍정적인 에너지를 유지하는 데 도움을 준다. 이러한 연구 결과들은 자기객관화를 통해 더 나은 삶을 살아가는 데 중요한 도구가 될 수 있음을 보여준다.

좋아서 웃는 게 아니다. 웃으면 좋아진다!

미소의 힘, 일상 속 작은 변화가 만드는 큰 영향력

9

스트레스 속에서 발견한 미소의 놀라운 치유력

올해 3월, 박사과정 마지막 학기였기에 나는 스트레스와 두통으로 힘든 시간을 보냈다. 공부에 대한 압박감이 너무 심해서 눈썹까지 두통이 올 정도였다. 일상의 작은 순간조차도 큰 스트레스로 다가왔다. 그러나 삶의 작은 순간에서 발견한 미소의 힘이 나를 변화시켰다.

우리 집 앞에는 여러 개의 약국이 있다. 그중에서도 나는 특정한 약국을 자주 방문하곤 했다. 그 약국이 처음 생겼을 때, 나는 약을 사러 들어갔다. 약국 안에는 항상 친절한 약사님이 계셨다. 그분은 나를 반갑게 맞이하며 환한 미소와 함께 비타민 음료를 건네주셨다. 약사님의 기분 좋은 미소 덕분에 그날 이후로, 나는 그 약국을 단골이 되었다. 약국을 방문할 때마다 나는 긍정적인 에너지를 받고 돌아오곤 했다.

그 약국을 지나칠 때마다 많은 손님들이 북적이는 모습을 보게 된다. 항상 사람이 많은 이유는 무엇일까 생각해보면, 아마도 약사님의 미소 덕분일 것이다. 그분의 미소는 단순히 웃는 것이 아니라, 사람들에게 행복을 주는 힘이 있었다. 약국을 방문할 때마다 느끼는 그 따뜻함은 나의 하루를 조금 더 밝게 만들어주었다.

또한, 아침에 대학원 선수강 과목 수업에 가면 한양대학교 사범대학 4층 화장실에서 매일 마주치는 청소부 아주머니가 계신다. 그분은 항상 나를 보며 환하게 웃어주신다. 그 미소는 나에게 하루를 시작하는 데 큰 기쁨을 준다. 그분의 웃음 덕분에 나는 수요일 아침마다 그분과 인사를 나누며 기분 좋게 하루를 시작할 수 있었다. 그분의 미소는 단순한 인사를 넘어서, 하루를 긍정적으로 시작하게 해주는 힘이 있었다.

그러던 어느 날, 나는 공부에 대한 스트레스로 인해 두통이 너무 심해 약을 자주 찾게 되었다. 눈썹까지 두통이 몰려와 정말 힘들었다. 머리가 아파서 아무것도 할 수 없을 정도로 고통스러웠다.

손으로 눈썹의 근육을 풀어가면서, 눈과 얼굴 근육을 최대한 사용해 미소를 지으려고 노력했다. 처음에는 어색했지만, 점차 미소를 지으면서 두통이 서서히 사라지는 것을 느낄 수 있었다. 그 순간 나는 미소가 얼마나 큰 힘을 가지고 있는지 깨닫게 되었다. 단순히 미소를 지어보는 것만으로도 내 몸과 마음이 편안해지는 것을 느꼈다.

그 후로 자는 시간 외에는 최대한 바쁘고 힘들 때에도 미소를 지으려고 노력한다. 미소를 통해 나는 스트레스를 줄이고, 더 긍정적인 에너지를 가질 수 있었다. 특히, 미소는 나뿐만 아니라 주변 사람들에게도 행복을 전할 수 있는 강력한 도구임을 깨달았다.

미소의 긍정적 효과, 연구결과로 본 행복의 비밀

나는 힘든 상황에서도 미소를 잃지 않으려 노력한다. 미소를 지으며 하루를 시작하고, 미소를 통해 어려움을 극복해 나간다. 그리고 내가 받은 그 따뜻한 미소를 다른 사람들에게도 전하려고 노력하고 있다. 미소는 작은 행동일지 모르지만, 그 영향력은 매우 크다.

이처럼 미소는 우리 삶을 더욱 즐겁고 행복하게 만드는 비결이다. 작은 미소 하나가 우리의 인생에 얼마나 큰 변화를 가져올 수 있는지, 나는 직접 경험하며 깨닫게 되었다. 미소를 지어보는 것은 언제나 좋은 선택이며, 주변 사람들에게도 긍정적인 영향을 미칠 수 있다.

미소가 우리에게 주는 좋은 영향에 대한 연구 결과는 많다. 미소는 단순한 얼굴 표정을 넘어서 내 마음과 몸에 많은 긍정적인 영향을 준다. 여러 연구들이 미소의 좋은 점을 다양한 방식으로 밝혀왔다.

첫째, 미소는 스트레스를 줄이는 효과가 있다. 캔자스 대학교의 연구에 따르면, 웃는 얼굴을 하면 스트레스가 많은 상황에서도 심장이 안정되고, 스트레스 호르몬이 줄어든다고 한다. 즉, 미소를 지으면 스트레스가 줄어들고, 마음이 편해질 수 있다.

둘째, 미소는 사람들 사이의 관계를 더 좋게 만든다. 미소는 다른 사람들과의 긍정적인 상호작용을 돕고, 사회적 유대감을 강화한다. 연구에 따르면, 미소는 다른 사람에게 호감과 신뢰를 주며, 사회적 관계를 개선하는 데 큰 도움을 준다고 한다. 예를 들어, 미시간 대학교의 연구는 사람들이 웃는 얼굴을 볼 때 더 신뢰하고, 더 협력적인 태도를 보인다고 밝혔다.

셋째, 미소는 기분을 좋게 하고 행복감을 높여준다. 얼굴 근육의 움직임이 뇌에서 감정을 처리하는 방식에 영향을 줄 수 있다. 예를 들어, 웃는 얼굴을 지으면 실제로 기분이 좋아지는 경험을 할 수 있다. 이는 뇌에서 행복 호르몬이 분비되기 때문이다. 이런 변화는 기분을 좋게 하고, 우울한 감정을 줄이는 데 도움이 된다.

넷째, 미소는 면역 체계를 강화한다. 미소와 웃음은 몸의 면역 시스템을 활성화시키는 데 도움이 된다. Loma Linda University의 연구진은 웃음이 바이러스와 암세포를 공격하는 중요한 면역 세포를 증가시킨다는 것을 발견했다. 즉, 미소와 웃음은 몸의 면역 체계를 강화하는 데 큰 도움이 된다.

다섯째, 미소는 통증을 완화하는 데 효과적이다. 미소와 웃음은 엔도르핀이라는 호르몬을 분비시켜 자연스럽게 통증을 줄이는 효과가 있다. 옥스퍼드 대학교의 연구에 따르면, 진심으로 웃으면 엔도르핀의 분비가 증가하고, 이는 통증 완화와 관련이 있다고 한다. 엔도르핀은 자연 진통제 역할을 해서 신체적 고통을 줄이는 데 도움을 준다.

마지막으로, 미소는 장수와도 관련이 있다. Wayne State University의 연구에 따르면, 자주 미소를 짓는 사람들은 그렇지 않은 사람들보다 더 오래 사는 경향이 있다고 한다. 이는 미소가 스트레스를 줄이고, 건강을 증진시키며, 면역 체계를 강화하는 등의 다양한 긍정적인 효과가 복합적으로 작용하기 때문이다.

종합적으로 보면, 미소는 단순한 얼굴 표정을 넘어서 내 마음과 몸에 중요한 역할을 한다. 이러한 연구 결과들은 미소가 내 삶에서 얼마나 중요한지를 보여주며, 일상에서 더 자주 미소를 지으려는 노력이 필요함을 알려준다.

씽킹파워 사례 3

❶ (사)글로벌녹색경영연구원 부총재 이경엽 교수
❷ 치과의사 류준성 원장

~~~ 10 ~~~

❶ 운명은 자기가 정하는 것이다!
어려움 속에서도 긍정적인 자세를 잃지 않고, 노력하자!
: 이경엽 교수

나에게는 인생에서 존경하는 인하대학교 겸임교수인 이경엽 교수님이 계신다. 교수님께서는 작은 시골 마을에서 태어나 중학생이 되면서 서울로 올라오셨다. 두 살 위의 형과 함께 입학하게 되어 어릴 적 기억은 주로 형과 형 친구들의 보살핌을 받던 때였다. 코를 닦아주고 연필을 깎아주며 바지춤 정리까지 도와주던 그들의 손길은 아직도 생생하다고 하신다. 하지만 중학생이 되면서 정체성에 대한 문제가 생기기 시작하셨단다. 도움보다는 경쟁의 시기가 왔고, 형과의 두 살 차이는 대학에 갈 때까지 극복해야 할 과제가 되었다고 하신다.

고등학교 시절, 부유층 자제들이 많은 학교를 선택하게 되었고, 그렇지 못한 교수님께서는 상대적 박탈감을 느끼셨다. 이러한 경험은 교수님의 마음에 깊은 상처를 남겼지만, 무엇을 해도 지기 싫은 마음을 긍정의 힘으로 바꾸며 노력하셨다. 부유함으로 쉽게 이루는 일들을 교수님께서는 더 많은 노력을 기울여 이루어야 했다. 그 과정에서 교수님께서는 남들보다 일찍이 삶의 어려움을 깨달으셨다. 이러한 경험은 교수님이 어떤 상황에서도 긍정적인 자세를 유지하게 만든 원동력이 되었다고 하신다.

당시 교수님과 또래들의 관심사 중 하나는 올드팝이었다. 부모님이 얻어다 주는 신곡 팝송 방송국 자료를 자랑하는 친구들 사이에서 교수님께서는 직접 방송국이나 레코드 가게에 가서 팝송 자료를 얻어와야 했다. 이런 사소한 차이가 교수님의 성격과 태도를 형성하는 데 큰 영향을 미쳤다고 하신다. 어려움을 극복하는 과정에서 자연스럽게 얻어진 경험들은 교수님의 자산이 되었다고 하셨다.

가령 한강에서 스케이트를 공짜로 타려면 일찍 가서 일하는 아저씨들을 졸졸 따라다니며 줄을 잡아줘야 했다고 한다. 그렇게 노력하여 하루 종일 스케이트를 즐길 수 있었다고 하셨다. 하고 싶은 것이 많았지만, 3남 3녀인 교수님의 가족에게 모든 것을 다 줄 수 없는 부모님 덕분에 어려움을 이겨내고 원하는 것을 얻어내는 법을 스스로 배우신 것이다. 어려움을 어렵다고 생각하지 않고 극복하려는 자세가 형성되었다고 하신다.

대학 시절에는 아르바이트를 하면서 시간 자산의 중요성을 깨달으셨다. 아침저녁으로 테니스 라켓을 들고 다니는 형에게 관심을 보여 테니스를 배우게 된 일화도 있었다. 당시 서울 시내에는 테니스 코트가 네 곳밖에 없었고, 미8군 용산부대에서 테니스를 배우게 되셨다. 이 경험은 많은 사람들을 만나게 해주었고, 군대에서도 사단장 테니스 코치병을 맡게 되었다고 하신다.

교수님을 도와주었던 형은 얼굴에 큰 화상으로 흉터가 있었고, 부모님을 잃고 외삼촌댁에서 자랐다. 그 형은 교수님께 먼저 다가와 주었고, 그들은 서로에게 큰 도움이 되었다고 하신다. 이러한 경험들은 교수님이 테니스, 스키, 골프 등을 배우게 만들었고, 다양한 사람들과의 인연을 맺게 해주었다. 교수님께서는 환경이 열세였지만, 겸손하게 주변 사람들에게 다가가는 것이 많은 인연들과 소중한 관계를 형성하는 데 큰 도움이 되었다고 생각하신다. 열심히 정직하게 노력하면 큰 보답을 받게 된다는 것을 느끼셨다.

교수님께서는 학생들에게 생각을 더 크게 하라고 주문하신다. 발상 자체가 작으면 경험도, 비전도 작아지게 된다. 스스로 강해지는 길을 찾으라고 권하신다. 보이지 않는 것에도 눈길을 주고 스스로 강해지는 길을 찾으라고 학생들에게 이야기하신다. 자신을 위하고 강하게 하는 방법과 채널을 만들어야 한다. 교수님께서는 젊은 학생과 직장인들이 스스로 자기를 경영하는 힘을 키워 자신만의 브랜드 파워를 갖추기를 바라신다.

교수님의 긍정의 힘은 어려움 속에서도 긍정적인 자세를 잃지 않고, 열심히 노력한 결과이다. 이러한 경험들이 교수님을 강하게 만들었고, 다양한 사람들과의 소중한 인연을 맺게 해주었다. 교수님께서는 학생들에게도 이러한 긍정의 힘을 전해주고 싶어 하신다.

❷ 어려움을 이겨내며 사회에 긍정적인 변화를 이끌어내는 치과 의사의 이야기 : 류준성 원장

병원에 다니면서 알게 된 류 원장은 10년 동안 친오빠처럼 지내온 인물이다. 현재 '오늘의 치과'에서 원장으로 근무하며, 분야별 협진과 진료를 담당하고 있다. 어린 시절부터 치과의사가 되겠다는 꿈을 품었던 그는 그 꿈을 향한 길이 쉽지 않았음에도 결코 포기하지 않았다.

대학에서의 공부는 매우 힘들었지만, 항상 최선을 다했고, 치과의사가 되기 위한 길에서 겪은 어려움과 도전은 그의 성장에 중요한 부분을 차지했다. 학업 기간 동안 끊임없이 지식을 쌓고 기술을 연마해야 했으며, 이 과정에서의 스트레스와 압박감은 때때로 그를 지치게 만들었지만, 그는 이러한 어려움을 극복하는 법을 배웠다. 실패를 두려워하지 않고, 오히려 성장의 기회로 삼았으며, 시험에 떨어지거나 실습에서 실수할 때마다 그 경험에서 배울 수 있는 것을 찾으려고 노력했다. 자신의 한계를 인정하고 그것을 극복하기 위해 더 열심히 노력하여 치과의사라는 꿈을 이루었다.

그의 하루는 항상 바쁘게 시작된다. 아침 일찍부터 환자들을 맞이하며, 각각의 사람들에게 최선을 다하는 치료를 제공한다. 환자 한 사람 한 사람의 이야기에 귀 기울이며, 그들의 필요와 걱정을 이해하려고 노력한다. 그의 따뜻한 미소와 격려의 말은 많은 이들에게 큰 위안이 된다. 그의 삶은 직업 이상의 의미를 가진다. 그는 자신의 직업을 통해 사람들의 삶에 긍정적인 변화를 가져오고자 하는 꿈을 가지고 있으며, 그의 진료실은 환자들이 불안과 고통을 잊고 희망을 찾을 수 있는 휴식처이기도 하다.

또한, 그는 지역 사회에도 적극적으로 참여한다. 부천시민에게 치과 의료 서비스 혜택을 제공하며, 지역사회를 위한 나눔 활동을 통해 자신의 지식과 기술을 나눔으로써 사회에 기여하고자 하는 강한 의지를 보여주고 있다.

류준성 원장님의 이야기에서 우리가 배울 수 있는 교훈은 다음과 같다.

1. 도전과 시련을 극복하는 법 : 어려움을 겪으면서도 포기하지 않고, 그것을 성장의 기회로 삼는다. 실패를 두려워하지 말고, 그것에서 배울 점을 찾아야 한다.
2. 지속적인 학습과 개선 : 지식을 쌓고 기술을 연마하는 데에 끊임없이 공부하고 노력해야 한다.

3. 긍정적인 변화를 위한 열정 : 직업을 통해 사람들의 삶에 긍정적인 영향을 미치고자 해야 한다.
4. 사회적 책임과 나눔 : 지역 사회에 기여하고자 하는 노력을 해야 한다.
5. 끊임없는 성장과 발전 : 계속되는 성장과 발전의 길을 걸어야 한다.

그의 스토리는 우리가 직면하는 어려움을 극복하고, 자신의 열정을 살려 사회에 긍정적인 영향을 미칠 수 있다는 것을 보여준다.

북큐레이션 • 당신의 마인드와 비즈니스를 새롭게 바꿀 라온북 추천 실용도서

《씽킹파워》와 읽으면 좋은 책. 생각의 패러다임, 인생의 패러다임, 비즈니스의 패러다임을 바꾸는 라온북의 도서를 소개합니다.

MZ 리더가 바라본 MZ세대 경영법

MZ를 경영하라 : MZ세대 리프레임

김가현 지음 | 18,000원

**대한민국 기업 경쟁력의 한 축이 된 MZ세대,
다르지만 특별한 MZ 직원의 경쟁력을 더욱 높이는 법!**

MZ도 늙었다며 심지어 '잘파'를 분석하는 세상이 되었다지만, 달리 생각해 보면 이제 MZ는 이 사회의 중심축으로 확고하게 자리 잡았으며, 이들과 함께 최상의 직무효율성을 달성해야 곧 성공하는 조직, 기업의 운영이 가능한 현실이라는 반증이다. 대한민국의 허리 세대를 점차 대체해 가고 있는 MZ, 그리고 이전의 X세대와는 너무도 다른 이들의 직장생활, 사고방식을 '아는' 차원을 넘어서서 그들의 방식으로 조직을 리프레임해야 경쟁력 있는 기업이 될 수 있다. 이 책 《MZ를 경영하라 : MZ세대 리프레임》에서는 같은 MZ세대이면서도 MZ 경영의 리프레임을 실현하는 저자의 노하우가 고스란히 담겨 있다.

혁신을 가져오는 '3P' 영업 비법

300% 강한 영업

황창환 지음 | 14,000원

**내 기업의 강점은 살리고 매출을 올리고 싶은가?
강한 기업을 만드는 강한 경영자가 되는 비밀을 담았다!**

3년 적자 기업을 신규 고객 창출로 흑자 전환한 경험, 2년 만에 40개가 넘는 신규 지점을 개설한 경험, 폐점 직전이었던 매장의 영업 실적을 50% 이상 증대시킨 경험, 정체되어 있던 매출을 두 자릿수로 성장시킨 경험 등 저자의 실제 영업 성공 사례와 생생한 노하우를 한 권에 담아냈다! 언제 어디서나 기업에 혁신을 일으킬 수 있는 영업 비법을 손에 쥐고 싶은가? 시대와 시장의 흐름에 영향받지 않는 지속적인 매출과 경영 성과를 얻고 싶은가? 그렇다면 지금 당장 강한 기업이 되기 위한 첫 번째 관문, 바로 '강한 영업'을 시작하라.

경기 침체와 기업의 대응 전략

비욘드 리세션

이석현 지음 | 25,000원

전 세계적으로 엄습하는 경기침체의 파고를 넘어 또 다른 성장의 기회를 잡아라!

이 책 《비욘드 리세션》은 그런 면에서 기업 CEO들이 나무가 아닌 숲을, 눈앞의 포말이 아닌 멀리서 다가오는 파도의 흐름을 바라보며 대비하게 해주는 책이다. 분명 곳곳에 경기침체의 징후들이 가득하며, 이에 대비해야 하지만, 위기의 파고를 넘었을 때의 성장 동력을 재무장하는 방법이 이 책 《비욘드 리세션》에는 함께 제시되어 있다. 동전의 양면을 둘 다 놓치지 않는 지혜가 이 시대 기업인들에게 더욱 요구되는 것처럼, 경기침체와 그 극복 후의 성장과 반등을 동시에 생각할 줄 가는 혜안이 이 책을 통해 길러지리라 생각한다.

불황을 돌파하는 비즈니스 전략 통찰 34가지

턴어라운드 4.0

이창수 지음 | 17,000원

하이 아웃풋(High Output)을 만들어 기업의 턴어라운드를 발생시키는 전략 통찰법!

《턴어라운드 4.0》은 기업의 멋진 항해를 도와주는 도구인 환경과 시스템을 구축하기 위해 기업과 경영인이 갖춰야 할 전략과 통찰을 정리한 책이다. 저자의 30년의 경험이 녹아 있는 기업의 턴어라운드 프로세스는 언제 사라져도 이상하지 않은 부실기업을 '강력한 기업'으로 재탄생시켜줄 수 있는 비결을 상세히 알려준다. 0려운 상황에서도 기업의 성공과 발전을 달성할 수 있도록 미래를 정확하게 예측하고 철저히 기획하는 데 이 책이 큰 도움이 될 것이다.